赖建诚 著

亚当·斯密与严复

《国富论》与中国

ZHEJIANG UNIVERSITY PRESS
浙江大学出版社

目　录

序

    这本小书是在笔者 1989 年的一篇文章的基础上发展扩张的。从 1986 年秋构思这个题材到完成这本书稿，前后经过 15 年的摸索、停顿、重新出发、再修正，才有了目前的形式。从 1989 年的文章改写成这本小书，除了删修、改写、增补之外，有几部分是新处理的：第 1 章，第 2 章的第 2.3、2.4 节，第 4 章，第 5 章，第 6 章的第 6.1、6.4 节。

    就格局来说，这项研究是站在 Schwartz（1964）第五章的基础上，所做的专题深入性研究。我希望严复所译的每本著作，都能有各学科的专家为我们做出类似本书的分析。"严复现象"（即西方思潮如何引入，以及中国对西方学说的响应），是研究中国近代学术思想史的重要题材，虽然已有许多人着墨过，但还是有更专业深入分析的空间。

    为了理解《国富论》在其他国家传播的情形，我研究过此书在 10 个非英语国家翻译的历史，以及这些不同文化对斯密经济学说的各种反响。这些成果发表在 Lai（1996，1996a，2000），现摘录入本书的第 2 章的第 2.3、2.4 节内。有了这个国际性的背景，才更能理解严复译案《国富论》的相对意义。

　　黄克武（1998）研究严复如何译介 Mill 的 *On Liberty*（《群己权界论》），他分析的主题是自由主义思想，可以和本书的经济自由主义相互对照。我很感激他对这本书稿的详细评论，也很能理解他对此书内容与论点的诸多保留；潘光哲先生对本书原稿作了详细的校改，在此一并致谢。1986 年初做此题材时，承台湾清华大学资助研究经费，特此致谢。

　　以下诸章节曾经发表过：第 1 章第 1.3 节与第 6 章（《当代》，1999 年 6 月号），第 2 章（《当代》，1999 年 2—3 月号），第 4 章（《清华学报》，1999 年 3 月，29 卷 1 期），第 5 章（《全汉升教授九十华诞祝寿论文》，2001 年），附录（《新史学》，1991 年 3 月，2 卷 1 期）。

赖建诚

2002 年 7 月

1

综观概述

本书的中心命题，是通过严复（1854—1921）译案亚当·斯密（Adam Smith，1729—1790）的《国富论》（或译为《原富》，1776 年初版），（1）来了解西洋经济学说在中文词汇与概念尚不足的情况下，是用哪种词语和"思想方式"传入的？（2）从追求富强的角度来看，这本以提倡"自由放任"、"反重商主义"、"最小政府"为主旨的《国富论》，对清末的知识界和积弱的经济，产生了哪些影响与作用？

1.1　主题与架构

第 1 章在说明本书的命题与架构之后，综述 19 世纪末中国对斯密和《国富论》的介绍，以及严复在 1896—1901 年间译案此书的经过与感受，然后分析论述学界对严复研究的成果。

第 2 章先介绍斯密的经济思想，以及《国富论》的主要内容，之后解说此书在其他非英语国家有过哪些不同的译本，这些文化背景和经济条件各异的国家，对《国富论》所传达的经济思想,产生过哪些不同的反应。有了这项国际性的比较之后,才更能理解:此书在中国只有过4种译本,比起日本的14种和德国的10种,热烈度并不高。中国各界对此书的反应,相对于其他国家而言,也只能说是平淡无奇。

第3章分析为什么严复要译这本书,以及《原富》是怎么翻译的。政治经济学并非严复的专业,他如何把这本开创古典经济学说体系的《国富论》,在文字上浓缩译成"骎骎与晚周诸子相上下"的《原富》?从严复310条6万余字的案语中,可以看出他有"托译言志"的倾向,也可以看出他对经济事务的见解,有不少是"即兴式"的,是"语意膨胀式"的,而非有系统、有组织、有理论基础的。

第4章根据这些案语,分析严复对《国富论》内容的理解。斯密除了论述国家经济富强的性质之外,从经济理论发展史的观点来看,他也提出了一些相当影响后世的经济理论(例如"看不见的手")。严复是怎么译介这些概念的?他的理解可靠吗?严复对斯密的学说有过哪些批评与赞许?

第5章再度从严复的案语,来分析他自己的经济见解:(1)他认为中国的经济有哪些弊端?(2)他心目中的经济自由主义,具体而言有哪些内容与主张?(3)他对一般经济事务与政策有哪些意见?我认为这些内容展示出:严复对各种经济问题是有他的见解,但还谈不上经济"思想"。

第6章的主题是《原富》出版之后,中国知识界有哪些响应?第6.1节举例说明严复翻译西洋名著对中国知识界的影响,以及不同立场人士对严译的批评;之后以梁启超对《原富》的评介为例,说明此书在中国知识界被接受的程度。第6.2节分析论述《原富》对中国经济政策的影响,我的论点是:如果严复是以追求中国的富强为出发点,来向斯密这位医生求取药方的话，我认为《国富论》所倡导的经济自由主义，对中国的病情并不适用；适当的救亡图存药方，应该是向"德国历史学派"求取，先以关税保护新兴产业，采取这类逐步自保自强的政策。第 6.3 节是对全书的综合性简要省思，第 6.4 节解说一些日后可做的后续研究。

整体而言，本书是以现代经济学的眼光，来解析严复思想的经济面，这是个尚未深入探讨过的题材。"严复现象"①是中国近代学术史上很值得重新出发再深入的题材，新的研究角度很需要引入各项专业领域的分析工具，如政治学、社会学、法学、哲学、生物学等。本书是从经济（思想史）学这个角度所做的尝试，以严复和《原富》为分析对象，一是因为严复所译介的西方学说，对清末知识界产生了广泛的影响；二是因为《国富论》在西洋经济思想史上有其绝对的开创性地位。这本名著在中国近代思想启蒙的阶段，通过"译文虽美，而义转歧"的节译和丰富的案语，不论是从中国经济学史还是思想史的角度来看，都有显著的意义。

在清朝最后的半个世纪期间，有不少西洋经济学说对中国产生过影响。从个别人物的角度来看，严复与《国富论》的例子只是其中的一环。从经济路线的角度来看，除了自由主义之外，在同一时期传入中国的还有社会主义、保护主义、重农主义、重商主义。也就是说，本书所处理的题材，在一个大变动的时代里，在一个百家争鸣的环境中，以现代较冷静的眼光来看，只不过是其中较亮丽的一朵而已，不必赋予过高或过广的评价。我在本书的附录里，向读者提供一个较全面的时代场景解说，简要地综述西洋经济思想对晚清经济思潮的影响。

---

① 所谓的"严复现象"，是分析清末民初时期，在积极向西方学习富强的动机下，译介了许多人文思想方面的重要著作，给中国知识界所带来的启蒙与冲击。

1.2　初期的介绍

《国富论》在西洋经济思想史上有相当的理论分量，在实务性的经济政策方面，也有许多重要的分析论述，所以在晚清西学东渐的过程中，有不少人在著述内提及斯密和这本名著。单以《万国公报》[①]为例，其中就有不少地方提到斯密，例如艾约瑟的《富国养民策》（分 16 章 100 节，第 43—88 册，1892 年 8 月至 1896 年 5 月，页 12992—16030）、卜舫济《税敛要例》（第 67 册，1894 年 8 月，页 14576—14581）、马林与李玉书的两篇文章《各家富国策辨》（第 121—122 册，1899 年 2—3 月，页 18268 起）、《论地租归公之益》（第 125 册，1899 年 6 月，页 18550 起）。在此我只选艾约瑟的例子，来看他如何介绍《国富论》，之后再看陈炽宣称重译此书的误解过程。

1.2.1　艾约瑟

英国教士艾约瑟（Dr. Joseph Edkins）写作《富国养民策》的基本用意，是要以启蒙书的形式，向读者介绍西洋的富国养民之道（以经济政策面为主）："富国养民书，即论辨财之一门学术。余将于辨学启蒙书，剖白其学术学业之义，是书无劳多赘，止论解夫何者为财足矣。"（页 12997）。这种启蒙书的

---

① 《万国公报》的全本影印，在各大图书馆内可查阅到，但篇幅繁多，查索不易。李天纲（1998）编选的《万国公报文选》（55 万字），对读者方便不少，其中的"编者说明"，对《万国公报》的内容作了很好的解说。艾约瑟的《富国养民策》原文很长，李天纲只选其中几篇，录在《万国公报文选》里（页 535—546）。

基调，在页 13876 论"设立行会之暧昧"时再度表白："此启蒙书篇幅无多，不能将设行会无益之情形，详细论讲。"从此文在各册连载时所占的篇幅来看，长者达 7 页（如首篇的页 12992—12998），短者不到 1 页（如页 15774—15775"论国家承办之利益"和页 15824—15825"论国家承办之各弊"）。下一个问题是：艾约瑟写这篇 16 章 100 节的长文，所依据的底本是哪一本或哪几本经济学著作？但他未明说，我想有可能是从几本相关著作综述出来的。[①]我找到了三个地方直接引述斯密的学说，分述如下。

他最先评述斯密的地方，是在首篇导论（页 12996）："英人亚当·斯密所著有《富国探原书》，英国斯时兴盛，多由于研求其生财之学术致之也。缘其书能使人洞晓贸易应无过禁，工作应无定限之一应利益。书出至今足载，独惜人之不钦佩其良法，违忤其智谋而行，若等差谬者何其多也。"虽然他对斯密如此赞许，但从全书 16 章的结构来看，又与《国富论》不一，例如"论分工"是斯密的首章，而在艾约瑟的文内却是第 26 节。现在来看他在此节内，如何引用斯密的观点的。

"斯密曾如是云：铁匠打造铁钉，夙昔未尝习其业者，一日成造二百枚，且不甚嘉。曾经习其业者，一日可成造八百枚、千枚不等，自幼习熟其手艺者，一日中成造至二千三百枚亦可。此等譬喻无庸多增，凡余等所见极精工雅致之器用什物，均为费若许时日习熟此业之人造成者也。"（页 13409）艾

---

① 森时彦（2001：220，日文版 1999 年页 230）说艾约瑟根据的底本，是 Stanley Jevons 的 *Political Economy*（1878），但我在 *New Palgrave* 经济学辞典和其他参考文献内，未能查到此书来比对内容。Jevons 有一本 *The Theory of Political Economy*（1871，1957 年有第 5 版的重印本），但内容与《富国养民策》的对应并不很好，所以艾约瑟大概是综述几本著作而成此文的。

约瑟所选的这段介绍，确是译自《国富论》首章首节内的一段（原文见 Smith, 1976：18），但并未抓到要点，没能展现出分工的特殊效果。我们只要对比严复的另一段译文，就可看出何以艾约瑟没选到论分工的要点："不见夫业针者乎？使不习者一人而为之，穷日之力，幸成一针。欲为二十针焉，必不得也。今试分针之功，而使工各专其一事，……则一日之功，可得八万六千针，而或且过此数，此见实事者也。使以十八人为此，是人日四千八百针也。往者不分其功，则一人之力，虽至勤极敏，日不能二十针。今也分其功而为之，则四千针而裕如。然则以分功之故，而益人力二百倍有余也。治针如是，他制造可类推矣。吾故曰益力之事，首在分功。"（页6，原文见 Smith, 1976：15）艾约瑟若选介此段，效果必然更明显。

第二个例子，是第 45 节"亚当·斯密论工价五则"（页13737—13740）。《国富论》首篇第八章论劳动工资，查其写法，并无如艾约瑟所列举的工价五则，但基本的意思则类通。这第 45 节可能是他融会贯通之后，简化条列的结果。

第三个例子，是第 16 章"征税"内的第 97 节（页15960—15962）"酌定税之数端要理"。他在此节的引言上说："国家酌拟赋税，首先道及应遵之诸要理者，即亚当·斯密（《泰西新史揽要》作师米德雅堂）所创论而声明之者也。论诚至善，凡习富国养民学者，务宜拳拳服膺而弗失也。试为依次列下。"他列了四点"要理"，我们可以确定这四点是出自《国富论》第五篇第二章第二节"论赋税"的引言：（1）公平，（2）确定，（3）缴税的方便，（4）尽量轻税。艾约瑟把斯密的原文（见 Smith, 1976：825—827），作了忠实完整的译写。

1.2.2　陈炽

陈炽（1855—1900）是江西瑞金县人，1889年任户部主事，1891年升为户部员外郎，1896年升为户部郎中，1900年卒于北京，享年46岁。他的生平、著作、译作都收录在《陈炽集》（北京：中华书局，1997）。

他在1896年12月25日第15期的《时务报》上，发表一篇译作《重译富国策》，之后在第16、19、23、25等4期上连载（重刊于《陈炽集》页274—295）。他在"叙"里说："英人斯密德，着《富国策》一书，西国通人，珍之如拱璧。李提摩太译述《泰西新史》（即《泰西新史揽要》），推原英国富强之本，托始于是书。因忆十五年前，曾见总署同文馆所译《富国策》，词旨庸陋，平平焉无奇也。……旋假得西文《富国策》原文，与同文馆所译华文，彼此参校，始知原文闳肆博辨，文品在管墨之间，而译者弃菁英，存糟粕，名言精理，百无一存。……三十年来，徒以译者不工，上智通才，弃如敝屣，又何效法之足云！……"

从《陈炽集》的"陈炽年谱简编"（页387—399），我看不出他有机会学习英文。他是传统科举出身，28岁（1882年）"秋，应乡试，中式第四十六名举人"，所以应该无机会通晓英文。我猜测他是与友人合译的，因为他在"叙"中说："适有友人自南方来，熟精西国语言文字，下榻寓邸。退食之暇，晨夕剧谈，因及泰西各学。友人言欧美各国，以富强为本，权利为归，其得力实在《富国策》一书，阐明其理，而以格致各学辅之，遂以纵横四海。"

然而，细看陈炽译文的目次，内分生财与用财两卷，卷一内有七章，卷二内有四章，这和斯密的《国富论》在篇幅上与结构上都不同（请参照本书第 2 章表 2.1）。《陈炽集》的编者，在此项译文末附汪凤藻译法思德《富国策》的目录，内有三卷：卷一论生财，卷二论用财，卷三论交易；卷一内有七章，卷二内有九章，卷三内有十章。从这项对比可以看出几件事：（1）陈炽译本卷一与卷二的标题，和汪凤藻的译本相同，所以陈炽所见到的同文馆译本，很有可能就是汪凤藻的译本。（2）陈炽只译到卷二的一半（前四章），第三卷未译。（3）陈炽把原作者法思德（Henry Fawcett, 1833—1884）的《富国策》，误以为斯密才是原作者。法思德的原著是 *Manual of Political Economy*（1863），此书由同文馆总教习丁韪良（W. A. P. Martin）口译，汪凤藻笔述，1880 年由同文馆出版，另有"益智书会"本，在日本排印 [详见赵丰田（1939）所附彭泽益的书评]。

简言之，陈炽完全弄错了《富国策》的作者，胡寄窗（1982：1614）的注文说得更尖锐："对于陈炽来说，他更不可能理解（斯密的）《国富论》与汪译《富国策》有何区别。"从上述的分析，我们大概可以说：在 1902 年严复出版《原富》之前，中国的知识界大概已经知晓斯密的名字，以及《国富论》这本名著的重要性。艾约瑟在 1892 年介绍了此书的某些片段，陈炽在 1896 年时还称赞"英人斯密德，着《富国策》一书，西国通人，珍之如拱璧"，只是没想到他完全认错了人和书。[①]

1.3 《原富》的诞生与修订

根据刘重烺（1985）和皮后锋（2000）的研究，严复是在 1896 年 10 月到 1901 年 1 月 30 日之间译完《原富》的。上海

---

① 承潘光哲先生示知本节的相关资料。

华东师范大学图书馆，藏有严复翻译时所依据的《国富论》英文底本，以及严复手校《原富》的前两部。严复所用的英文本，是 Thorold Rogers 教授（1823—1890）编校的版本，1880年由牛津大学出版社出版发行（上下两册，初版 1869 年，再版 1880 年）。皮后锋列表详细说明严复译此书的进度与校对过程，请参阅。[①]

《原富》首先是在 1901—1902 年由上海南洋公学（交通大学前身）译书院出版（分八册），1931 年由商务印书馆重排，加上断句，并附上书后的 80 页"原富译名表"：标示出人名、地名、专有名词的原文，并稍加解说其背景与意义，但仍有多处是"未详"（如页 2）。1931 年的商务版称为"严译名著丛刊"共八种，台湾商务印书馆在 1977 年重印此丛刊，其中的《原富》是"人人文库"特 506—508 号，上中下三册共 978页，我所依据的就是这个版本。1981 年北京商务印书馆重新发行这套丛刊，还是八种，除了重排之外还加上新式标点，也作了一些内文的校改，而且把原先放在书末的译名对照和注文移为脚注，方便查对。

以上是《原富》出版之后的几项大变动，以下要综述的是严复翻译此书的过程与心境。所依据的材料，是严复和吴汝纶之间的往来信函，以及他写给张元济的二十封信（《严复集》，页 520—557，页 1559—1566）。我的用意不是考据性的，纯是当作简要的背景性解说，或许另有材料可以补充此项题材也未可知。以下简介吴汝纶（1840—1903）和张元济（1867—1959）的生平，以及他们和严复的关系。吴汝纶是安徽桐城

---

① 皮后锋（2000）对严复译《原富》过程的陈述，基本上是在刘重燊（1985）的研究成果上，作更详细的解说与探讨，所以有些基础的信息难免重复。

人，同治四年进士，授内阁中书，曾任曾国藩、李鸿章的幕僚，并主编《李文忠公全集》（1905），著作见《桐城吴先生全书·尺牍》（1904）。《天演论》和《原富》的序，都是严复敦请他作的（见《严复集》，页520，页1545，以下页码皆同出处）。张元济字菊生，浙江海盐人，光绪十八年进士，刑部主事。戊戌变法后去上海，先任南洋公学译书院院长，出版《原富》，后任商务印书馆编译所所长（日后是商务印书馆的长期领导者），由此可知严复著作与商务印书馆之间的关系（页524）。我先从严复给张元济的信函，来重构此书的译改过程，再从严复与吴汝纶的往返信函，补充说明严复请吴汝纶写序的经过。

1. 3. 1　译书

严复给张元济的第二封信（1899年2月25日）上说："见所译者，乃亚丹斯密理财书，为之一年有余，中间多以他事间之，故尚未尽其半。若不如此，则一年可以藏事。近立限年内必要完工，不知能无从人愿否？"（页527）同年7月3日他对张元济说："弟暇时独以译书遣日，斯密《原富》已及半部，然已八九册，殆不下二十万余言也。刻已雇胥缮本，拟脱稿时令人重钞寄几下，但书多非可猝办耳。"（页532）可见进度不错。

在8月20日的信上说："目下亚丹斯密《原富》一书，脱稿者固已过半。盖其书共分五卷，前三卷说体，卷帙较短；后二卷说用，卷帙略长。弟今翻者，已到第四卷矣。拙稿潦草胡涂，现已倩人缮清。……此书的系要书，留心时务、讲求经济者所不可不读。盖其中不仅于理财法例及财富情状开山立学，且于银号圜法及农工商诸政、西国成案多所征引。且欧亚互通以来一切商务情形皆多考列，后事之师，端在于此。又因其书所驳斥者多中吾国自古以来言利理财之家病痛，故复当日选译特取是书，非不知后来作者之愈精深完密也。"（页532—533）这段话显示进度已过半，唯清稿之事迟缓烦人。另一要点，是他解析此书的意义与重要性，很能显示严复对此书的见解。

同年（1899）10月9日的信上说："《原富》拙稿，刻接译十数册，而于原书仅乃过半工程，罢缓如此。鄙人于翻书尚为敏捷者，此稿开译已近三年，而所得不过如是，则甚矣此道之难为也。承许以两千金购稿，感谢至不可言。伏惟译书原非计利，即使计利而每册八十余金，亦为可估之善价，岂有不欢喜承命之理耶？"（页534）这封信除了谈进度之外，也表达他对稿酬的满意。

翌年（1900）2月2日的信上再度说明进度，以及他对译书的感受："《原富》稿经仲宣倩人分抄，葳事者已尽前六卷，不日当由仆校勘一过奉上。其续抄之六七册，正在重加删润，日内当可发抄矣。刻已译者已尽甲乙丙丁四部，其从事者乃在部戊论国用赋税一书之约；若不以俗冗间之，则四月间当可卒业。但全文尽译之后，尚有序文、目录、例言及作者本传（拟加年表，不知来得及否）。又全书翻音不译义之字，须依来教，作一备检，方便来学。又因文字芜秽，每初脱稿时，常寄保阳，乞吴先生挚甫一为扬搉，往往往返需时。如此则译业虽毕，亦须两月许方能斟酌尽善。甚矣，一书之成之不易也。……近者吴丈挚甫亦谓海外计学无逾本书，以拙译为用笔精悍，独能发明奥赜之趣，光怪奇伟之气，决当逾久而不沉没，虽今人不知此书，而南方公学肯为印行，则将来盛行之嚆矢云；然而亦太自苦矣。已抄之稿，当交李君带南，抑仆于月底赴泸自携呈政，此番决不次且矣。"（页537—538）

在同封信内，他对稿酬之事另有提议。除了议定的二千金之外，他希望日后出书时译者也能坐抽几分，口气是商量性的："商印是书，鄙意似不以即图久远为得，盖恐其中尚当修改，改则所费不赀；果使他日盛行，则雕之以图久远可矣。公意以为何如？仆尚有鄙情奉商左右者，则以谓此稿既经公学贰千金购印，则成书后自为公学之产，销售利益应悉公学得之；但念译者颇费苦心，不知他日出售，能否于书价之中坐抽几分，以为着书者永远之利益。此于鄙人所关尚浅，而于后此译人所劝者大，亦郭隗千金市骨之意也。可则行之，否则置之，不必拘拘矣。"（页538）

过了一年，严复在1901年4月25日的信上说："《原富》拙稿，未经交文报局寄南。顷得吕君止先生来书，始言经交敝同乡邓太守带去。盖君止入都时，木斋将此稿五册付之挚甫，而是时适邓入都，闻旁人言其人不久即将南归，君止遂属挚甫将稿检交此人，不图遂尔浮湛至今也。……一稿之烦如此，真令人生厌也。刻吴、卢两处均有信去，即今果尔浮沈，当另钞寄，不至中断矣。"（页540）可见书稿已完成，托人转交迟迟未达，甚是烦忧。同年六七月间的另一封信（无日期），显示稿件安然，甚至"喜极欲涕"："……则《原富》原稿五册由吴挚甫处已寄到。其稿所以迟迟者，缘始杨濂甫接盛丞电索，适挚父在幕，知其事，又适卢木斋在都，因嘱木斋迅往唐山取书到京，卢即照办；及书到京，由挚交濂甫嘱速寄泸，濂甫忘之，久阁，寻挚又得书，乃往濂处取回，而于晦若又取去，读久不还；四月初弟又以书向挚问浮沈，挚始于前月之望，向于斋头取寄津，此展转迟阁之实在情形也。顾浦珠赵璧究竟复还，安知非鬼物守护，转以迟寄而得无恙耶？走自怜心血，不禁对之喜极欲涕也。今保险寄去，兄知此意，书到勿忘早覆也。"（页541）真是一波三折。

同年（1901年）8月6日的信，再度谈到出书后抽分的事："……所言嗣后售卖《原富》一书，作定值百抽几，给予凭据，以为译人永远利益一节，未得还云，不知能否办到，殊深悬系。鄙知老兄相为之诚无微弗至，亦知此事定费大神代为地道，但以权有所属，或不得竟如台恉，此仆所以深为悬悬者也。夫平情而论，拙稿既售之后，于以后销售之利，原不应更有余思；而仆于此所不能忘情者：一、此书全稿数十万言，经五年之久而后告成。使泰西理财首出之书为东方人士所得讨论；而当时给价不过规元（银）二千两，为优为绌，自有定论。（严复在1899年10月9日的信上说'承许以两千金购稿，感谢至不可言'）二、旧总办何梅翁在日，于书价分沾利益，本有成言。三、于现刷二千部，业蒙台端雅意，以售值十成之二见分，是其事固已可行；而仆所请者，不过有一字据，以免以后人事变迁时多出一番唇舌，而非强其所必不可。"（页543）这封信长达两整页，主要是在力争抽分之事。以上所引，只是其中一半要点，但已可见严复对此事关切之深。

同年（1901年）9月2日的信中，与《原富》相关者二事，一是抽分之事："《原富》分利一节，有兄在彼，固当照分，所以欲得一据者，觊永远之利耳。然使其人不相见爱，则后来所卖，用以多报少诸伎俩，正可使所望皆虚，吾又乌从而禁之乎？不过念平生于牟利一途百无一当，此是劳心呕血之事，倘可受之无愧，且所求盖微，于施者又为惠而不费之事；若闻者犹以为过，则亦置之不足复道也。"（页545）从这段话看来，此事似乎尚无定论，出版社内部仍有争议。另一件是托吴汝纶写序的问题："《原富》之本传、译例均已脱稿，寄往保定多日，交挚甫斟酌，并乞其一序，至今未得回音，正在悬盼，顷拟信催，俟寄来即当奉上。渠前书颇言，欲见全书，始肯下笔；如五部均已刷印，即寄一二分见赐，以便转寄与此老，何如？"（页545）

书稿之事大致底定。严复在光绪二十七年"除夕前二"，也就是1902年2月5日的信上说："人来访我，言次必索《原富》。月初已将吴序寄将，想已接到；颇望此书早日出版，于开河时以二三十部寄复，将以为禽犊之献也。"（页546）过了一个多月（正月三十），再催此事："都门人士，每相见时，辄索《原富》，不知此书近已毕校刷行否？信来见告，以慰悬悬。最好有便人北上时，托其携带一二十部见与，其价值自当照算也。"（页551）同函中另谈一事：梁启超在《新民丛报》第一期内，对《原富》的前两卷（在1901年已先出版）有所批评。严复说："近见卓如《新民丛报》第一册，甚有意思；其论史学尤为石破天惊之作，为近世治此学者所不可不知。……《丛报》于拙作《原富》颇有微词，然甚佩其语；又于计学、名学诸名义皆不阿附，愿言者日久当自知吾说之无以易耳。其谓仆于文字刻意求古，亦未尽当；文无难易，惟其是，此语所当共知也。"（页551）梁启超的批评内容与严复的回答，在本书第6章第6.1节内会再详论。

1.3.2 写序

以下转谈严复请吴汝纶写序的事。1898年3月20日，吴汝纶给严复的信上只有一句话与此书相关："斯密氏《计学》稿一册，敬读一过，望速成之，计学名义至雅训，又得实，吾无间然。"（页1562）过了5个月，吴汝纶的反应就明确多了："惠书并新译斯密氏《计学》四册，一一读悉。斯密氏元书，理趣甚奥赜，思如芭蕉，智如涌泉，盖非一览所能得其深处。执事雄笔，真足状难显之情，又时时纠其违失，其言皆与时局痛下针砭，无空发之议，真济世之奇构。执事虚怀谦挹，懃懃下问，不自满假。某识浅，于计学尤为梼昧，无以叩测渊懿，徒以期待至厚，不敢过自疏外，谨就愚心所识一孔之明，记之书眉，以供采择。其甘苦得失，则惟作者自喻，非他人所能从旁附益也。"（页1562）

　　翌年（1899年）3月11日吴汝纶的信说："斯密氏此书，洵能穷极事理，……得我公雄笔为之，追幽凿险，抉摘奥赜，真足达难显之情，今世盖无能与我公上下追逐者也。谨力疾拜读一过，于此书深微，未敢云有少得，所妄加检校者，不过字句间眇小得失。又止一人之私见。徒以我公数数致书，属为勘校，不敢稍涉世俗，上负谆谆高谊。知无当于万一也。独恐不参谬见，反令公意不快尔。某近益老钝，手蹇眼滞，朝记暮忘，竟谆谆若八九十。心则久成废井，无可自力。"（页1563）吴汝纶的态度消极，严复于3月18日再函谈此事。吴汝纶在4月3日的回信中仍然消极推却："得二月七日惠示，以校读尊着《计学》，往往妄贡疑议，诚知无当万一，乃来书反复齿及，若开之使继续妄言，诚谦挹不自满假之盛心，折节下问，以受尽言，然适形下走之盲陋不自量，益增惭恶。"（页1564）

　　此事至此都只有吴汝纶的信函可当佐证，严复致吴汝纶的信虽多，但留下来的只有三封，在第二封（1900年1月29日）内曾简要地谈及此书："……《原富》拙稿，新者近又成四五册，惟文字则愈益芜蔓，殆有欲罢不能之意，以□□之雅，乃累先生念之，岂胜惶悚。……《原富》未译者尚余五分之一，不以作辍间之，夏间当可藏事。而成书后，一序又非大笔莫谁属矣。先生其勿辞。"（页522—523）

吴汝纶在 1901 年 6 月 4 日的回信中，态度还是推却：
"《原富》大稿，委令作序，不敢以不文辞。但下走老朽健忘，
所读各册，已不能省记。此五册始终未一寓目，后稿更属茫
然。精神不能笼罩全书，便觉无从措手，拟交白卷出场矣。"
（页 1566）严复在同年秋再去一函（无日期），坚持再请："数
日前曾邮一书，并拙作《斯密亚丹学案》，想经霁照。昨有友
赴保，托其带呈甲部两册，兹复呈上译例言十五条，敬求削
政。此二件并序，皆南洋译局所待汇刻成书者，即望加墨赐
寄，勿责促逼也。此序非先生莫能为者。惑者以拙著而有所触
发，得蒙速藻，则尤幸矣！"（页 524）此后无双方信函可再说
明此事的发展，但从《原富》书中可知，严复的"译事例言"
是 1901 年 9 月写的，吴汝纶的序文作于 1901 年 12 月（页
524）。吴汝纶在一年多后（1903 年）去世。

·1.3.3 修订

《原富》在 1902 年出版后，黄遵宪写信告知读后感（无日
期，按推算应在下半年）："本年五月获读《原富》，近日又得
读《名学》，隽永渊雅，疑出北魏人手。于古人书求其可以比
拟者，略如王仲任之《论衡》，而精深博则远胜之。……《新
民丛报》以为文笔太高，非多读古书之人，殆难索解。公又以
为不然。……至于《原富》之篇，或者以流畅锐达之笔行之，
能使人人同喻，亦未可定。此则弟居于局外中立，未敢于三说
者遽分左右祖矣。"（页 1571—1572）夏曾佑在 1903 年 1 月 7
日写给严复的信最富趣味："《原富》前日全书出版，昨已卖
罄，然解者绝少，不过案头置一编以立懂于新学场也。即请着
安。"（页 1574）

严扬（1997：359，364）告诉我们："《原富》出版后数年，大概严复自认为译作中存在诸多缺陷，于是着手做大量的增删；惜只完成亚当·斯密传、译事例言、发凡、部甲的前六篇，按篇幅计，仅占全书的五分之一强，[①]因而遗留下一份未完稿。……这份手稿没有标明年代，但由篇四第六段新增案语可以看出，严复所期待的国家银行，于1908年（光绪三十四年）成立，名为大清银行。所以作此稿的年份，最迟不会超过1908年。……这份手稿写于南洋公学译书院出版的线装本《原富》一书之上，用朱笔书写。其内容包括三个方面：一、各篇文字的逐句圈点，删改译文二百余字。二、删去译事例言中'是译与《天演论》不同，下笔之顷，虽于全节文理，不能不融会贯通为之，然于辞义之间，无所颠倒附益。……'一段。篇四'验精杂难于审重轻，而所系亦重，故制币先有官印。……'和'泉币之等，其始皆即重以为名也。……'二段。篇五'论物有真值与市价异'全篇。三、新增案语二十七条。对原有的十一条案语中的七条做了删改，'案'字均改为'严复曰'。"

严复对译文的诸多删修，在严扬的文章中都有详细的对比，其中大幅删去的有两处，一是篇四"论泉币之始"内的最后两大段，叙述英法等国的货币制度史，或许他认为中国读者的兴趣不大，所以删去。二是篇五"论物有真值与市价异"，内容是"论物品的实质价格与名义价格或其劳动价格与货币价格"（周宪文1964年译本用语）。此篇内容多是经济学理的细部分析论述与争辩，严复在《原富》内对此篇的案语有8条，尤其是最后的一条最长（人人文库版，页44—46），有两整页。

---

① 依商务印书馆人人文库版的页数来算，到部甲前六篇为止共54页，而全书有978页，所以应是5%强而非"五分之一强"。

在这 8 条案语内，严复对此章的内容与斯密的见解多有微词，所以在修订时，或许是考虑中国读者的需求，以及内容的抽象杂纷，才决定删除全篇。

在修订的过程中，严复增写了 27 条案语，严扬（1997：361—364）把这些案语的位置和内容，作了完整的呈现，我们从这里可以看到严复的补充见解。整体而言，在修订全书约 5%的过程中，严复就做了这么大幅度的调整与增删，若他把全书修订完成并出版《原富》的修订本，那会是一件有趣的事。①

1.4　严复研究

单以中文出版的文献来说，研究严复的著作从 20 世纪初起，至今几乎从未断过。其中有一段较高潮的时期，那是大陆在 20 世纪八九十年代，重新排印严复的著作（《严复集》五册），以及他的译作（北京商务印书馆），此外也有好几本严复的传记，以及三次以严复为主题的学术研讨会（黄克武，1998a）。严复研究的层面相当庞广，有人论他的翻译作品，有人论他的各种思想，以下略述研究严复的几项主要相关文献。

1.4.1　著作和译作

最重要的当然是《严复集》五册（1986），内容以他的诗文、书信、案语、着译、日记为主。王栻与王佐良（1982）主编的《论严复与严译名著》，在页 153—167 的大事年表内，以

---

① 感谢潘光哲先生示知严扬（1997）的文章。皮后锋（2000：318—320）列表对《原富》首二部出版后，严复用红色笔所作的校改，这项数据可以用来和严扬（1997）的记录相对比。

编年体的方式表列他的主要活动，以及重要著作和译作的年份。牛仰山和孙鸿霓（1990）编的《严复研究资料》，在页464—497 详列他的翻译作品和各种著述的不同版本与出版处，内容相当完整。黄克武（1998）第二章评论清末民初以来学者对严译著作的讨论，是相当体系性与问题性的评述，值得参阅；此外，他书后所附的参考书目也很完整。

1.4.2　研究资料

上列王栻与王佐良（1982：168—171），附有东尔编辑的严复"研究论文索引"；牛仰山和孙鸿霓（1990：503—517）的"严复研究数据目录索引"，更是详细。简言之，1990 年之前在大陆出版的严复研究文献，这两份索引大致都掌握到了。还有一项光盘数据库可查询，是由北京大学未名文化公司 2000 年 1 月制作发行的《严复专集》，内容是"严复著述及研究文献全文光盘"，属于"二十世纪中国文化史·著名学者光盘数据库"的系列之一，依其所附说明："该光盘收入严复先生一生著述及各类研究文献近 1500 余篇，约 1000 万字，并附有各时期照片资料。同时配备完善的检索系统，对所有文章可进行全文检索，同时还提供篇名、文章任意词、关键词、著者、涉及者、分类、文献出处、出版者等十几个方面，快速检索到每一篇文章，并随时打印。"在台湾地区发表的文献，可通过网络查寻。以"严复"作为篇名，在 2000 年 12 月可查得 84 篇，可见台湾学界对严复的关注并不少。

1.4.3　经济见解

这类的论文并不多，在学术刊物上发表的论文有史全生

（1978）、罗耀九（1978）、叶世昌（1980）、舒扬（1982）、曹旭华（1986）、陈文亮（1994）、俞政（1994，1995）、张守军（1999）。周振甫（1936：42—45，134—158，173—197）曾经分项讨论严复的各种经济见解，但解说较不深入。有些经济思想史的教科书，例如赵靖和易梦虹（1980）也谈到这个问题。但最完整，在深度和广度上都超过前述的，是侯厚吉和吴其敬（1983），他们以 60 页的篇幅，详细解说严复的各种经济言论。虽然我和他们所根据的资料大抵相同，但分析的角度与评论却相当不同，主要的一点是：基本上他们是从马克思主义经济学的观点来解说评论，而我是从新古典学派经济学的角度来分析。读者若分别从这两个角度来解读，可以产生互补参照的功效。

1.4.4　严复与政治经济学

严复在译《国富论》之前，在何时有过哪些西洋政治经济学的训练或接触，否则他如何能在"译事例言"内畅谈此学门的流变与主要代表人物？手代木有儿（1994）的研究，清晰地解说严复在中国的求学经过，以及 1877 年 5 月抵伦敦，后入 Royal Naval Academy Greenwich 学习海军，到 1879 年 1 月返国为止，这段期间在英国学习的内容以及他对西洋的认识。从所列举的课程表来看（页 175），海军学院的课程基本上是专业的：物理、化学、炮台图、海道图、海战史、铁甲船、炮弹学，等等。严复在英国的时间不到两年，课业上的压力又大，他或许从当时的报纸、刊物、听闻中，得知有斯密这个人和这本名著，但恐怕当时并无暇深读，或许曾在校内图书馆翻阅过。

我同意手代木有儿的看法，说严复很有可能是回国后才较深入地接触西洋名著，原因之一是他回国后屡试不第，意懒之下自然会有这种心情转向。有一项间接的证据，是严复在《群学肄言》内说，他是在1881—1882年间才读此书的："不佞读此在光绪七八之交。"（《严复集》1：126）较直接的证据，是严复译《国富论》时所用的英文底本，现藏在上海华东师范大学图书馆。刘重焘（1985：94）告诉我们说：原书"棕红色布面精装（现已破损），上卷扉页右上角有严复英文铅笔签名并注'Yen Fuh, Imperial Naval Academy, Tientsin, N. China. April 1892. 18/3/28.'（严复，帝国北洋水师学堂，华北天津。1892年4月。光绪十八年三月二十八日）"。因此，我们现在可以确知严复拥有此书的日期。①

---

① 刘重焘（1985：97）有两张照片，显示严复译《原富》时所据底本的书名页，以及严复在此底本上的手迹。

2
《国富论》的传播

　　《国富论》（*An Inquiry into the Nature and Causes of the Wealth of Nations*，简称为 *The Wealth of Nations*）在 1776 年出版后，不久就被译成多国语言，有些国家还有过好几种不同的译本。如果从此书在各国传播的角度来看，严复的译本（1902）只是这股传播活动较晚的一环而已。若要从更宽广的架构来理解《原富》对中国的意义，那就必须先理解：（1）斯密的经济论述体系，以及它在经济思想史上的意义，这是第 2.1 节的主题；（2）《国富论》的内容是什么？为何在历经两个多世纪之后，还一直在重印和重译？（第 2.2 节）（3）过去两百多年间，有哪些国家分别译了多少次《国富论》？发生过哪些怪异的现象和有趣的轶闻？（第 2.3 节）（4）为什么他们要译这本书？是怎么译的？各国知识界有哪些不同的回应？不同意识形态的读者又有过哪些异议？整体而言，斯密的经济自由放任说，在过去两百年间，在不同国家内，产生过哪些不同的冲击？（第 2.4 节）虽然这四节的内容和严复没有直接联系，但若无此国际观与历史的纵深背景，又怎能给"《原富》与中国"的互动关系，界定出一个跨国性的对比图像？

2.1 斯密的经济思想

后人尊亚当·斯密为近代经济学之父[①]，他在《国富论》中主张"自由放任"、"自由竞争"和"最小政府"，反对16—18世纪初期英国的干预式重商主义经济政策，这也代表了古典自由经济学派的基本主张。重商主义是16—18世纪之间，西欧诸国实行的经济政策之通称。这个名词其实并不够精确，因为，葡、西、英、法、荷诸国的重商主义内涵各异[②]，若用一个共通的现象来描述这个经济政策，那就是：国家通过（关税等）保护政策，经由工业生产和对外贸易，来累积国家财富的经济政策。国家的财富表现在贵重金属（金银）的数量上，所以要尽量争取贸易顺差，以累积金银（国家财富）。

斯密之所以反对重商主义，是因为那套经济政策过度利用

---

① 斯密的生平与著作，详见 Ross（1995）的传记。《国富论》内容的解说，详见台湾银行经济研究室编印（1972）《西洋经济学者及其名著辞典》中的 Smith 条（张汉裕撰）。在斯密生前《国富论》有 5 个版本（1776，1778，1784，1786，1789），1791 年（逝后一年）出第 6 版，详见 Cannan 注释版页 xxvii。在 20 世纪 70 年代之前，此书以 Edwin Cannan 教授（1861—1935）的注释版（1902 年初版，1922 年第 3 版）流传最广。较新的版本，是牛津大学在 1976 年出版的 *The Glasgow Edition of the Works and Correspondence of Adam Smith*，其中的《国富论》由 R. Campbell 与 A. Skinner 编订。严复所译的《原富》，是根据 Thorold Rogers 教授（1823—1890）的批注版（1880），脚本是《国富论》的第 3 版（1784）。

② 见 Clough and Rapp（1975）第 11 章详述对比西欧诸国重商主义之异同。另见其他经济思想史教科书中，对重商主义和斯密的评价，如 Blaug（1997）第 1—2 章、Ekelund and Hébert（1997）第 3—5 章。

国家的角色来干预经济的运作。其初始目标虽在增进全国的经济利益，但在保护政策的措施下，政府的功能犹如一只"看得见的脚"，在妨碍市场机能的自然运作。此外，这套干预、保护的经济政策，（1）明显地维护有政治权力和影响力的利益团体；（2）干涉私人部门经济活动的自由；（3）一味追求贸易顺差，引起贸易伙伴国的敌对；（4）为了在国际市场上获利，须有武力保护商业活动与殖民地，导致军事花费过巨；（5）因而使得英国在国际市场上的竞争力减弱。

除了现实经济成本与效益的考虑，新兴的中产阶级（商人）也希望解除国家对经济活动的干预。在思潮方面，18 世纪初期的启蒙运动，主张以自然法则来解释社会现象，这以 David Hume（1711—1776）、J.-J. Rousseau（1712—1778）最具代表。斯密深受他们两位的影响，同时也倾向法国重农学派经济学者（如 F. Quesnay 和 A. Turgot）所主张的自由经济论点，因为他所提出的主要口号"自由放任"（laissez-passer, laissez-faire），就是从法文借用过来的。

斯密在《国富论》的第四篇，主张让每个经济"体"自由行动，因为他们在追求自己最大利益的同时，会有一只"看不见的手"在调和，使得全国的经济利益比一只"看得见的脚"在干预时，来得有更长远、更高的经济利益。总之，斯密在《国富论》中所反对的，不是重商主义所追求的国富目标，而是反对在此项目标下政府的干预过程与后果。他不是国家主义者，也不是大同世界主义者，他是个理性的国民经济利益维护者；他的经济政策，简而言之，就是减少干预的自由经济政策，基本的动机还是要维护英国在世界市场的竞争力。

《国富论》并不只是一本经济理论的著作，它更是一部研究如何追求国家长期经济成长的政策著作①；斯密之所以被称为经济"科学"之父，是因为他是第一位有系统讨论各种经济现象与原理的集大成者。此外，《国富论》中已隐含生产与分配的理论基础，同时也能运用抽象原则来检讨过去的经济政策，并建议以简单明确的"有限政府"概念，替代两个多世纪以来的干预式经济政策。《国富论》内的创新论点并不很多，但从整部书来看，它所处理的范畴、概念、写作方式，以及它的内涵精神，才是使它在经济学史上留存的重要因素。

斯密的基本经济主张，可简化成下列三点：（1）人的基本经济动机是自利的；（2）他假设有一种自然法则存在（犹如宇宙间有自然的规律），会使得每个人在追求自利的同时，也会达到社会的最高共同利益（看不见的手定理）；（3）要达到这个境界，最简单也最有效的方法，是自由放任、经济自由主义和不干涉主义，政府的功能只限于司法行政、保卫国家、公共建设与公共制度的维护（如教育）。这三点都不是在晚清想追求富强的中国所需要的，我甚至怀疑严复对此书的理解，未必掌握到这三点。

25

---

① 这一点严复在《原富》的"译事例言"首页内已明白指出："然则，何不径称计学而名《原富》？曰从斯密氏之所自名也。且其书体例，亦与后人所撰计学稍有不同。达用多于明体，一也。匡谬急于讲学，二也。其中所论，如部丙之篇二篇三，部戊之篇五，皆旁罗之言，于计学所涉者寡，尤不得以科学家言例之。云《原富》者，所以察究财利之性情，贫富之因果，着国财所由出云尔。故《原富》者，计学之书，而非讲计学者之正法也。"严复说明斯密的书着重追求国家富强的经济政策，所以才译为《原富》。上引文中有"部戊之篇五"一词系笔误，因部戊中只有三篇。在页 419—420 内，严复细论何以他译经济学为计学："学主知，术主行；计学，学也，理财术也。……财之生分理积，皆计学所讨论。……吾闻古之司农，称为计相，……消息盈虚，皆为计事，此计学之名所由立也。"

2.2 《国富论》的内容

表2.1 依《国富论》的结构，列举其内容和各篇在原书中所占的页数；此外也附列严复译本中每章所占的页数，以及其中所含的案语条数。周宪文与张汉裕所译的《国富论》大约有白话文 70 万字；严复译注的《原富》约有文言文 44 万字（包括案语 6 万字）。①严复译本有一项增补，在首部篇十一"释租"（地租）之后，原书谈"近四世纪银价之变动"，他觉得"无关宏旨，则概括要义译之"。之后附上他认为相关有用的"穆勒雅各释租"［即 James Mill (1773—1836) 的"论地租"：Rent］，辑在篇十一内（页 271—276）。

他在"译事例言"页 6—7 说："是译与《天演论》不同，下笔之顷，虽于全节文理，不能不融会贯通为之，然于辞义之间无所颠倒附益。独于首部篇十一《释租》之后，原书旁论四百年以来银市腾跌，文多繁赘而无关宏旨，则概括要义译之。其他如部丁篇三首段之末，专言荷京版克，以与今制不同，而所言多当时琐节，则删置之。又部甲后，有斯密及罗哲斯所附一千二百二年至一千八百二十九年之伦敦麦价表，亦从删削。"这是他对删增的说明，以下解说此书的结构与内容。②

---

① 皮后锋（2000：323）有不同的估算：按照北京商务印书馆 1981 年版统计，《原富》总计 52 万字，其中案语有 8 万字，再除去前后的序言与年表等，与《国富论》相对应的文字大约有 40 万字。

② 皮后锋（2000：320—323）详细对比了《原富》与《国富论》的差异，请参阅。

表 2.1 《国富论》原著的结构与严复译本的比较

第一篇 劳动生产力改善的原因，以及要素所得的分配

原书章别	内容	页数	严译页数	案语条数
1—3	分工	21	18	4
4	货币	8	5	3
5—7	物价	34	41	17
8	工资	23	40	16
9	利润	12	18	8
10	不同部门的工资与利润	45	54	24
11	地租	115	110	44
合计		258	276	116

第二篇 资本的性质、积累与运用

原书章别	内容	页数	严译页数	案语条数
1	资本的分类	8	9	3
2	货币为资本的流通工具	46	42	12
3	资本累积	20	22	11
4	利率	9	9	3
5	资本的各种运用	15	16	10
合计		98	98	39

第三篇 各国经济发展的不同途径

原书章别	内容	页数	严译页数	案语条数
1	富裕的自然过程	6	5	1
2	罗马帝国后欧洲农业的衰微	12	14	5
3	罗马帝国后都市的发展	11	10	2
4	城市商业发展对农村的贡献	13	16	4
合计		42	34	12

第四篇 经济政策

原书章别	内容	页数	严译页数	案语条数
1	重商主义	23	27	6
2—6	贸易自由论	103	100	31
7	殖民地	84	95	20
8	重商主义总结	20	20	4
9	重农主义	26	25	3
合计		256	267	64

第五篇 公共财政

原书章别	内容	页数	严译页数	案语条数
1	政府支出	116	149	42
2	政府收入	90	97	30
3	公债	42	47	7
合计		248	293	79

说明：

1.《国富论》第 5 版原文约 900 页，约略相当于中文 70 万字。

2. 严译系据《国富论》第 3 版，由 Thorold Rogers（1823—1890）注释的版本。中译本分上中下三册（商务印书馆"人人文库"版），共 978 页，每页以 450 字计，共约 44 万字。

3. 其中案语共 310 条，约 6 万余字，占译文篇幅约 14%。

4. 案语条数的计算方法，是以商务印书馆"人人文库"版中，低一格以"案"字开头者算一条。若"案中有案"，即有"又案"字样者，另算一条（如页 269—270 中的案语算成两条）。另，页 272—276 系严复自行加上："穆勒雅各释租"，此系《国富论》原书中所无，此段的案语也算在内。

5. 主要章节大致已全译到，只有两处未译：第一篇第十一章第三节中的旁论"谈过去四世纪的银价变动"，与第四篇第三章第一节中的旁论"谈阿姆斯特丹的存款银行问题"。

6.《国富论》中对重商主义的谴责，以及对自由贸易的主张，最为后人所用。以下列出这两个主题在周宪文、张汉裕译本中的页数，以供查考。

（1）反重商主义者：页 438，439，440，454，467，471，491，603，618，800，801 等。

（2）反独占、反贸易不自由者：页 541，545，562，565，567，576，589，592，595，598，601，639，983 等。

《国富论》的第一篇，是讨论经济生产要素（劳动力、土地、资本）的生产力问题：如何使这些要素的生产力提高，并"合理地"把经济成果分配给生产要素的提供者（劳动者、地主、资本家）。第二篇专谈资本，论其特性、累积的过程、运用的方式，以及资本的成本（利率）。第三篇谈西欧自罗马帝国衰微之后经济发展的史实，性质上属于欧洲经济发展史。第四篇谈国际经济政策，反对重商主义，主张自由贸易。第五篇谈公共财政，是国内经济的范畴，讨论政府的收入与支出。综观这五篇的内容，几乎与经济事务相关的要素都包括到了，这是讨论经济现象体系最完整的第一部著作。

虽然斯密反对重商主义政府对经济政策的干预，但他并不是主张"无政府"的完全经济自由论者。例如，他赞同重商主义政策中的"航运法"，要求"国货国运"，以免运输和国防落入外国手里；虽然"该法令是不利于国外通商的"，但"国防究竟远比富裕更为重要，所以，英格兰所有通商管制中，航运法也许是最贤明的一种"。［周宪文、张汉裕译（1964）：《国富论》，页 443—445］再举一例：在进口关税上，他认为英国应舍弃不利于进口与生产且多如牛毛的法律，只需对所进口的一般奢侈消费品（如酒、糖、烟）课税，用以补偿因自由贸易所带来的国家财政损失。

斯密的自由经济学说，并非只靠知识上的见解卓越而流传后世。更重要的因素，是他的说法符合当时西欧的经济潮流。1770—1780 年间，有两个历史事件支持了经济自由化的运动：一是美国独立战争，二是英法的拿破仑战争。美国的独立等于是英国的殖民地失利：一方面英国深刻地感受到殖民地体制的革命危险性（重商主义派偏好扩展殖民地）；另一方面是美国独立之后，双方的贸易更为频繁，从前重商主义时期所建立的关税保护体制，反而成为贸易的障碍。还有一个原因是，英国为了保护国内的小麦价格，并确保小麦的供应而执行《谷物法》（*Act of 1663*）。由于国外的廉价小麦无法输入，使得国内的基本粮食价格过高，工人的薪资因而比其他国家高，工业产品在国际上的竞争力减弱。拿破仑战争之后，废弃《谷物法》的呼声日高，到了 1840 年左右，英国才把斯密的自由经济主义当作国家政策实行。由此可见，某项社会科学理论或学说本身的优越性，并不是使之流传后世的必要或充分条件，更重要的是能和实际问题相契合。

斯密在书中夹杂许多让后世读者从经济学理上看不出有意义的内容，例如第五篇第一章第二款所谈的完全是教育问题，谈学制期限、拉丁语的重要性、教育科目等等。此外，就斯密一生的著作内涵而言，《国富论》在这位道德学教授心目中的地位并非首要，其《道德情操论》（*The Theory of Moral Sentiments*，1759），对他而言或许更有专业上的成就感。经济问题只是他研究人类社会进步现象的一部分，但不是最重要的一部分。

不同时代的各国人文、社会和经济学者，从不同角度重读《国富论》时，总会有许多新的发现与阐释。几乎每逢斯密50、100生辰或此书出版100年、150年、200年纪念，就会有新的文集出现。Wood（1994）编的七册文集，收录的1893年之后各国研究《国富论》的文献（英文）超过了250篇，这是理解斯密对经济学理贡献的重要文集。《国富论》内包含了许多经济现象，几乎每个章节都有论点可以从现代的眼光重新发挥或引申演绎。虽然斯密的论点在今日看来并不新奇，但他提供了很丰富的题材，而且也因为他的论点有相当的可争议性，更加使得人文和经济学者在两百多年间，在它所提供的"丰富而模糊的想象空间"内持续地投入。也因为后人不断地重新诠释，反而把原本单纯的斯密，塑造成为一位千面英雄。

2.3 各国的翻译①

2.3.1 前言

《国富论》是研究经济学说在国际间传播的好对象，虽然阅读的角度因时代、文化、意识形态而异，但在过去两百多年间，它一直都是知识界的基本读物。或许它不是读者人数最多的经济学著作，但我有理由说它是经济学史上被翻译过最多的书之一。

研究各国翻译此书所牵涉到的问题，重点不在于译者能否把字句精确地译成不同语言，而是要把眼光放在各国在翻译这本书时，知识界的状况如何？这样才能从较宽广的角度来理解各国翻译此书的意义。举例来说，意大利文的第一种译本是1790年在那不勒斯（Naples）出版的，这可以显示当时该地的学术气氛：意大利的学术圈正在积极参与一场欧洲文化的更新运动，译这本书正可以显示意大利参与了启蒙运动。所以若只

---

① 以下这两节的内容，是从我的两篇论文（Lai，1996，1996a）摘录下来的。其间所牵涉到的文献很多，大都是其他国家的例子，与本书的主旨较间接，若详列文献的话会使参考书目的篇幅倍增，同时也可能产生不必要的混淆。这两篇文章在各地研究性的图书馆都容易找到，有兴趣的读者可以从中取得更多的信息。另需一提的是，Lai（1996：479—500）或 Lai（2000：404—431）详列《国富论》的18种语言译本，依国名字母的排序是：阿拉伯、中国、捷克、丹麦、荷兰、芬兰、法国、德国、意大利、日本、韩国、波兰、葡萄牙、罗马尼亚、俄国、西班牙、瑞典、土耳其；在内容方面，有各国不同译本的名称、译者、年份、出版者、册数、页数与版本说明。这是研究《国富论》国际性传播的一项重要数据证据，在此不另列出。这两节的内容，是我在 1992—1993 年间运用哈佛大学商学院 Baker Library 历史档案部内 Vanderblue Memorial Collection of Smithiana 搜集的文献（内收各国与斯密相关的译本、论文、文献资料），所整理出来的成果。

从经济学的角度来理解欧洲各国为何译介此书，那会是个狭隘的视角。从另一个角度来看，《国富论》之所以很快地就被译成主要的欧洲语言，那是因为斯密之前有另一本名著《道德情操论》（1759），欧洲知识界对其很有好评，所以早就替《国富论》铺好了路。

2.3.2 翻译的速度与次数

表2.2 对比《道德情操论》和《国富论》在 5 个国家翻译的状况。有一项共同特征是：各国译《国富论》的时间差（即原书和译本之间的年代差距），都比译《道德情操论》的时间差短（对比第 3 和第 5 栏）。我们可以观察到两种类型：（1）法、德两国知识界对《道德情操论》的译本很熟悉，这替《国富论》的译本铺下了坦途（见第 5 栏的时间差：2 年和 0 年）；（2）俄国、西班牙和日本知识界对《国富论》较熟悉，甚至是在《国富论》之后才回过头来接触《道德情操论》（见第 7 栏：两者之间的时间差达 66 年、149 年、78 年）。我认为原因是法、德译《国富论》和《道德情操论》的动机类似，都是从知识的观点出发，而俄、日在译《国富论》时，在经济上都还是开发中国家，初始的动机是想从此书学到"国富的本质与原因"。但后来才理解到，若要充分理解斯密的学说体系，《道德情操论》是不可或缺的基础，要先懂这本之后才能理解《国富论》的背后含义，所以才进而译《道德情操论》，并将之视为《国富论》的哲学基础之作。

表 2.2　《道德情操论》和《国富论》的初译时间，
以及和英文原著的时间差距

1	2	3	4	5	6	7
语言	《道德情操论》(1759)	时间差	《国富论》(1776)	时间差	《道德情操论》比《国富论》	《道德情操论》比《国富论》
法文	1764	5 年	1778	2 年	早 14 年	
德文	1770	11 年	1776	0 年	早 6 年	
俄文	1868	109 年	1802	26 年		晚 66 年
西班牙文	1941	182 年	1792	16 年		晚 149 年
日文	1948—1949	189 年	1870	94 年		晚 78 年

资料来源：

《道德情操论》的部分见 Oxford University Press 1976 年版的《导论》页
32—33；据此资料看来，此书在 20 世纪 70 年代只有这几种译本。《国富
论》部分见 Lai（1996：479—500）。

表 2.3　《国富论》的 18 种语言译本

（一）初译本的时间（不论是节译或全译）

年份	1776	1778	1779	1790	1792	1796	1800	1802	1811	1870	1902	1927	1928	1933	1934	1948	1957	1959
语言	德文	法文	丹麦文	意大利文	西班牙文	荷兰文	瑞典文	俄文	葡萄牙文	日文	中文	波兰文	捷克文	芬兰文	罗马尼亚文	土耳其文	韩文	阿拉伯文

（二）各国译此书的次数（包括节译本和全译本）

次数	14	10	7	6	6	6	5	5	4	2	2	2	2	1	1	1	1	1
国家	日本	德国	西班牙	意大利	俄国	法国	瑞典	韩国	中国	丹麦	波兰	葡萄牙	罗马尼亚	捷克	埃及	芬兰	荷兰	土耳其

表 2.3 是各国译《国富论》的速度与次数。第一，虽然目
前已知此书有 18 种语言译本，但和当今全世界的语言总数相
比，比例上仍然偏低。单就亚洲各国来看，就没有泰国、马来
西亚和其他语言的译本；同样地，有许多印欧语系和斯拉夫语
系的语言也无此书译本。

第二，有 5 种或 6 种译本的国家只能算是"正常"，日、德两国的现象可说是异常：为什么他们对这本书如此"疯狂"？对前人的译本总是不满意，每一代都一而再地重译？德国著名的历史学派学者 List（1789—1846），对《国富论》曾经有过相当刺耳的评论（详见下节），但为什么德国人对这本书还一直这么执着（10 种译本）？《国富论》在斯密生前只有过 5 种版本，为什么在日本会有 14 种译本？那是因为其中有节译本，有全译本，有根据 5 种英文版的各种译本，甚至还译出英国学者为《国富论》所作的不同批注版。日本经济学界以及人文学界阅读、研究此书的人口比例，可说是全世界最高的。

第三，从翻译的时间分布来看，在有 3 种译本以上的国家当中，韩国集中在 1950—1970 年；法国在 1770—1820 年；瑞典是 1800 年前后；意大利的第一波是 1790—1850 年，第二波是 1945—1976 年；俄国是 1800—1930 年，分布得相当均匀。德、日、西等国对翻译此书的兴趣是持续性的。

第四，这波译《国富论》的运动至今尚未停止。我知道有新的丹麦文、韩文、西班牙文译本还在进行中（1998）。[①]

第五，相对地，只有 1 种译本的国家通常也是节译、选译、缩译。为什么这些文化中的人对《国富论》这么冷淡？较简单的解释是，这些国家的知识界通常能阅读英、法、德等主要语言，若用自己的语言全译，一方面不经济，另一方面是这些国家的文字，恐怕不易转译《国富论》的词汇和概念。这样的说法有助于理解为什么尚无瑞典文的全译本（因为他们可以

---

① 中文的 4 种译本是：（1）严复的《原富》（1902）；（2）郭大力和王亚南的《国富论》（1931，1972—1974 修订并改书名为《国民财富的性质和原因的研究》，北京：商务印书馆）；（3）周宪文和张汉裕的《国富论》（1964，台北：台湾银行经济研究处）；（4）谢宗林和李华夏的《国富论》（2000，台北：先觉出版公司，只译了前三篇）。

读德文或其他译本或英文原著），但这种说法却不易解释为什么会有这么多种德文译本，因为德国知识界能读英文原著的人也很多。

现在从翻译速度的角度来看，有一项趣闻是法文版出现"同时竞译"的情况。法国的一位修士 Morellet 在 1823 年出版一本自传 *Mémoires de l'Abbé Morellet*，说他在 1776 年秋季曾在香槟地区致力翻译此书。但几乎在同时，有一位还俗的本笃教派（Benedict）修士 Abbé Blavet，他在 1774 年时曾把《道德情操论》译为法文，也正在译这本刚出版的《国富论》，以每周连载的方式刊登在农学刊物（*Journal de l'agriculture*）上，注销的时间是从 1779 年 1 月到 1780 年 12 月，之后在 1781 年辑印成六册，分别在瑞士的 Yverdon 和巴黎出版。Morellet 抱怨说，Blavet 的译本"妨碍了我的译本出版。本来有人出价一百 Louis，现在变成一毛也不给，后来更因为 Blavet 的竞争，而没有人愿意出版"。他还是努力要出版这本书，但又被法国北方 Sens 地区的总主教拒绝了，Morellet 因此抱怨说："可怜的斯密被（Blavet）伤害，而不是被（Blavet）翻译。……我的翻译作得很仔细。斯密的抽象理论部分，在 Blavet 的译本内都变得难以理解，但在我的译本内，读者可以获益。"

斯密本人对 Blavet 的译本有下列的回应。1782 年 7 月 23 日他从英国爱丁堡写一封法文信给 Blavet，说他对 Blavet 之前所译的《道德情操论》感到非常高兴，"您对我新作《国富论》的翻译，尤其让我欣喜。……我觉得您的译文，从各方面来说，几乎和原著一样好。……我个人对您非常感激，我无法鼓励或同意有另一种（法文）译本。"这是斯密《通信集》内唯一的法文信函，可以看出他的法文相当好。据我所知，这是《国富论》的各种译本中，唯一直接竞争的例子。日文译本之间也有竞争的情形，但那是在不同版本之间，以及新旧译法之间的竞争，不是同一时间对同一版本的竞译。

2.3.3 翻译的质量

在这波翻译《国富论》的运动中，出现了一些有趣的事：有"假版本"的事，也有"版本不明"的事，在西班牙还禁印过此书，此外还有误解和扭曲的情况。以下分别举例说明。

（1）假版本和不明版本。

所谓的假版本是说，译者宣称他是从英文原著译来，其实是从另一种文字的译本转译过来的。例如，意大利文初译本（1790）的译者说他是据英文本译的，但其实他是根据 Blavet 在 1779—1780 年间的法文译本转译的。另一个例子是西班牙文的初译本（1792），其实是根据法国名学者 Condorcet（1743—1794）对《国富论》的摘要，再删减之后译成西班牙文的。Condorcet 的摘要刊在 *Bibliothèque de l'homme public* 卷3 页 108—216，以及卷 4 页 3—115，1790 年在巴黎出版）[Diatkine（1993）对此问题有深论]。西班牙的这位转译者，不但删去 Condorcet 摘述的某些部分，有时还断章取义，甚至还不知道《国富论》的原作者是斯密。

"版本不明"的例子是，法文的初译本最先在荷兰海牙出版（1778—1779），译者的名字是"M***"。另一种译本 1781年在巴黎出版，未载明译者是谁，但公认是前述的 Blavet。有很多人认为巴黎版（1781）和海牙版（1778—1779）是同一译者，只是以不同的排印方式和装订在两地出版而已（一是三册，另一是四册）。法国 Neufchatel 地方的一位 Guyot 先生，1778 年写信给 Blavet 说，当他和 Douglas Stewart 看到这份

1778 年的版本时，他们都以为这是 Morellet 所译的。英国学者 Murray 在 1905 年发表一本 15 页的小册子，主旨是在对比海牙版和巴黎版的两种译本，他认为海牙版的日期早一年，而且显然是由另一个人所译，但他仍无法断定 1778—1779 年海牙本的译者是谁。

（2）查禁。

上述西班牙文首"译本"的译者是 Carlos Martinez de Irujo，当时他的职位是 Oficial de la Primera Secretaria de Estado。西班牙的宗教裁判所（Inquisition）在 1792 年 3 月 3 日查禁了《国富论》的"原文"（法文本），但同年却允许此书的摘要本出版。Sir John Macpherson 在 1792 年 12 月从慕尼黑写信给 Edward Gibbon 说，西班牙政府已"准许亚当·斯密的《国富论》出版摘要，但宗教裁判所仍对原著有意见"；翻译者保证"他已删除任何可能会引发宗教和道德上错误或松弛的部分"。这项禁令持续到《国富论》的全译本出版时（1794）。译者是 José Alonso Ortiz，他可能是根据《国富论》第 5 版（1789）译的，但 Ortiz 却认为他所根据的是第 8 版，这是不正确的：第 8 版是 1796 年才出版。此外，虽说是全译本，但有某些章节还是删略掉了。Ortiz 是 Valladolid 地区皇家协会属下的律师，同时也是法学和神学的教授。

1793 年 2 月 15 日，Ortiz 向宗教裁判所解释他不久前翻译的《国富论》，"删掉了一些不恰当的地方，……在某节内作者对某些宗教方面有较宽容的见解，因而未译出。任何会对道德和宗教事务方面产生误导或松弛的部分，都已清除干净"。宗教裁判所的最高当局，在 1793 年 2 月 16 日把 Ortiz 的译稿送给三位审查者，但当局对其中两位审查者的意见不够满意，原因是"Ortiz 的翻译避开了法文本的错误"（这句话的意义不够明确）。5 月 29 日，裁判所再度指定一个审查委员会，其中有一位修道士对《国富论》的法译本相当不满（在此之前，法文本的《国富论》一直被视为原著）。Ortiz 做了一些细部修正之后，稿件在 10 月 22 日退还给译者，1794 年由政府准许出版。

（3）误译与扭曲。

在各种译本内，改写而非忠实翻译的例子很多，下一章的表 3.1、表 3.2 以严复的译本为例，可以看出严复是在改写而非精确式的翻译。这种情况的严重性在不同文化系统之间（例如英国与中国、日本）通常很明显。竹内谦二的日文译本（1921—1923，1931—1933 修订并第 2 次出版），在 20 世纪 60 年代之前是流通最久最广的版本，1969 年东京大学还重印此译本的"保存版"三卷。竹内谦二在 1963 年退休后出版了一本《误译》（东京：有纪书房），讨论《国富论》和 David Ricardo 的 *Principles of Political Economy and Taxation* 这两本书的日译问题。他举例批评日本教授的误译，评论他们"错误"和"无知"的状况，说他很以这些"丑译"为耻。他举例说明，同一段文字竟然被译成很不相同的日文。看到竹内谦二这种自我批评之后，才较能理解日本为何会有 14 种译本。如果日本学者持续地要求完美，那么在下两个世纪内我们还会见到另外 14 种译本。日本学界对《国富论》译本的质量要求最严，他们对细节的要求是其他语言译本所难比拟的，可惜他们对斯密的研究大都以日文发表，外人不易吸收他们的成果。

在西班牙另有一项高层次的翻译。18 世纪末有一位物理学教授 Ramón Campos，他出版过一些逻辑方面的著作，试图要把《国富论》的内容翻译成精确科学的语言，也就是要把"经济学化约成精确、清楚和简单的原理"。他要把"到目前为止仍有神秘感的经济论述，通过我的研究而广为人知，可以让精确科学界的人士共同接受"。1797 年他在马德里出版 *La Economia reducida a principos exactos*, *claros y sencillos*，内有简短的 8 章，把斯密的价格、工资、利润、资本、租税等理论用简洁精确的方式重述。此书现藏美国杜克大学珍本室，不外借。我有理由怀疑，他在 18 世纪末时是否真的能做到"让精确科学界共同接受"，因为直到今日也尚无人能做到此点。

2.3.4 结论

翻译是研究经济思潮在国际间传播的重要维度，学界在这方面的研究还很缺乏，尤其是误解和扭曲的部分，更是可以深入探究的题材，可借以理解不同语言和文化体系之间的落差。以上是对《国富论》在过去两百年间翻译的速度、数量、质量，提出概观性的初步面貌，如果我们能对各国译本有较深入的理解，这个图像就会更完整有趣。

2.4 各国的回应

本节分析 10 个非英语系国家（中、丹、法、德、意、日、葡、俄、西、瑞典），对《国富论》的经济学说与政策见解，有过哪些因为经济条件不同、文化背景相异、意识形态相左而产生的各种回应。

2.4.1 分析法

(1) 命题。

研究经济思潮在国际间传播的历史图像，《国富论》可以说是最佳的分析对象之一，因为它的历史悠久（两百多年），读者广泛，对于身处不同文化、不同意识形态、不同经济情势的读者，必然有过不同的响应。要进行这项研究，语言的障碍显而易见，但这只是次要的困扰，真正的困难在于，我们对这10个国家的经济状况缺乏系统的理解，以及对各国内部各种经济思想潮流的掌握不足。需要具备这两方面知识，才足以理解各国对《国富论》响应与拒斥的内在运作机制。这两项困难合在一起，使得这项命题非常不易进行周延的探索。

以德国为例，《国富论》在1776年就译成德文（和英文原著同年），最新的译本是1974年。在这两百年间，《国富论》虽然有版本上的更动，但基本架构和体系是固定的；而德国的经济情势与经济思维（心态），在这两百年间已经历过多次重大的变动，德国知识界对《国富论》的反应，在这两百年间也有过激烈的起伏变化。要以一本专著来描绘德国在这两个世纪之间这种变化的动态过程，必定是一项挑战性的任务。同样地，《国富论》在俄国的传播也有过动人的故事：斯密的主要经济见解和政策建议，在1776年出版前的8年，就已经在俄国的知识分子和决策者之间广泛传播了；在过去两个世纪间，我们可以观察到斯密学说在俄国的"兴衰史"。

单在一个国家内的状况就这么复杂，我一个人怎能在有限的篇幅内，同时处理10个国家在两个世纪间所发生过的复杂现象？这项任务当然不可能单人只手完成，我也无此野心，我要做的是从所搜集到的文献中，整理出一个拼凑式的图像。虽然跨越的时间很长，但我把重点放在早期（18—19世纪），对晚近时期（20世纪）的着墨相对较少。这种跨国性的比较研究，必然是片段零碎式的，是表层浮浅、缺乏结构性深义的，但总需要有人踏出第一步。这种研究的另一项特质，是我只能处理"外在"的维度，也就是说，只能探讨《国富论》所触及的"经济事务"，以及各国对这些具体经济政策的响应和争论。而"内在"的层面，例如斯密的价值理论、看不见的手定理、自利说、市场效率等等，在这 10 个国家也都有过各种各样的讨论，这些理论上的见解，对各国的知识分子也起过不同的作用（例如马克思和许多其他分属各派的人物），但这些内在的层面较难掌握，甚至不可能做跨国性的比较研究，所以不属于此处的探讨范围。

（2）困难性。

德国经济思想史学者 Palyi 在 1928 年发表了一篇长文，研究斯密的学说如何传入欧陆（以法、德、意三国为例）。他说明这项研究有三项困难：一是有谁敢说欧陆的自由贸易运动，有多少是源自斯密的自由放任说，又有多少是来自其他的自由主义论者？二是很难区分开斯密在经济政策方面，和在科学方面（经济理论体系）的影响；三是更难区分他对欧陆的影响，有多少应归功于他的思想，多少应归功于他的著作风格，以及在著作中所展现的个人魅力？

我所面临的困难似乎更大：如果 Palyi 在 20 世纪 20 年代需要 54 页的篇幅，来处理较少的国别（三个）和更短的时期（1776—1920 年），那么，要分析 10 个国家在更长时期的现象，至少需要三倍以上的篇幅，那是一本专书的题材，不是此处所能做到的。Palyi（1928）的研究是这个题材（各国对《国富论》的回应）最早的探索，或许至今仍是唯一的一篇。在他的文章中，意大利所占的篇幅有限；此外，严格地说，他的研究也不能算是比较性的，因为他把德、法两国放在不同的章节内独立分析，而不是对比其相似性与相异点。相对地，我采取的比较法不是以国别为分析单位，而是在一个主题（例如，翻译

《国富论》的动机）之下，对比 10 个国家的状况，看能否找出
一些共通的形态。在探究的过程中，我深刻地感受到，每个国
家的状况都还需要有更深入的研究。我的比较研究谈不上深度
性的发现，但希望能引起经济思想史学者的注意，体会到这个
领域的意义，以及目前的空白状态。

从 Palyi 论文的脚注可以看到，他所运用的众多文献包括
不同时期出版的小册子、教科书、百科全书等，这种细节文献
的做法，在国家不超过三个的情况下较有可能。我对此处所分
析的 10 个国家：一方面是无法掌握到这么多的细节文献；另
一方面就算这些文献齐全，我的语言能力也不足以涵盖这 10
种语言，就算没有阅读上的困难，我对各国的背景知识，也不
足以理解这些文献的深刻意义，也得不出像 Palyi 那种深度的
综述（他对德国的状况掌握最佳）。值得一提的是 Palyi（1928）
的第五节（页 224—233），他分析斯密经济理论（如利息、工
资、价值、货币、社会哲学、方法论，等等）所引起的响应。
我认为此节不如先前的四节成功，因为他在太少的篇幅内涵盖
过多的主题，而且是以意见而非论点的方式呈现。这就是前述
的"内在"面，因为过于复杂，无法在此综论。

在这项跨国性的比较里，我大量依靠其他学者的研究成
果。各国学者所提供的文献，质和量的差异性都很大：研究
德、俄两国的文献以英文出版为主，比法、意、日、西诸国的
英文文献要多，在这些国家中以本国文字发表的研究也有一
些，但有一半是我不能直接阅读的；中、丹、葡、瑞诸国的相
关文献，不论是以本国语言或英文出版的都非常不足，所以这
项跨国性的研究，也必然要把重心放在文献较多的国家。在篇
幅的限制下，对每个子题我只能举一两个例子来解说。还有一
项困难，是这种题材因为各国的性质差异太大，所以不易有前

后一致的架构，也不易提出一个具备共通性的假说或论点可供
验证。

2.4.2　翻译的动机

我整理出四种翻译《国富论》的动机。第一种类型的国家
是想通过此书学到英国富强的经验。18 世纪俄国人眼中的英
国，是海上霸权、科技领先的象征，是俄国人想要学习追赶
的首要对象。而这本书又是这个"上国"的一位名教授写的
名著，他又是 David Hume 这位名哲学家的好朋友，这些因素
加在一起，更强化了这本书的优越性。中、俄两国的主要差
别，是俄国的知识界和决策者早已熟知《国富论》的主要论
点，甚至在《国富论》出版（1776）之前，就派两位留学生
去英国 Glasgow 大学听斯密的课程，然后把笔记译成俄文广为
流传；而中国的知识分子则是到了 1902 年才初知此书，比俄
国迟了 130 多年。

第二种类型是知识性的动机强过实用性的目的。丹麦文的
译者 Frants Draebye，是挪威商人 James Collett 两个儿子的家庭
教师，他带着这两位学生在欧洲各国游历，1776 年《国富论》
出版时他们正好到了英国。因为这本书在英国引起相当多的讨
论，所以他也想让丹麦和挪威（两种语言相当接近）的读者有
机会接触这本重要著作。法国读者对斯密所强调的自由放任和
自由贸易政策不感兴趣，因为那是斯密从法国重农学派借过去
的观点。法国人感兴趣的，是这位代表苏格兰启蒙时代的人
物，在知识体系上的见解，他们想知道这位先前以《道德情操
论》闻名的作者，在谈论政治经济学时，会有哪些具有启发性
的见解。所以丹麦和法国译介此书的动机，虽然都是以知识倾
向为主，但在层次上不同：丹麦是从学习如何让国家富强的立

场，法国则是从社会科学论述的角度来借鉴。

第三种类型具有强烈的自由贸易论。在 1792—1802 年间，有一些葡萄牙文的著作零星地提及《国富论》，几乎都环绕在"分工"、"自由生产"和"自由贸易"这几个主题上。葡萄牙文读者对自由放任学说愈来愈有兴趣，所以有动机要让此书在葡国广传。在 1811 年出版的葡萄牙语译本里，Lisboa 写了一篇短的导论，他认为翻译此书的重要性，是有助于理解在巴西（那时葡国属地，也是他的居留处）所发生的重大变化，他希望《国富论》所强调的自由放任说，能为巴西的经济自由化提供正当性的学说基础。

第四种类型是综合上述三种原因的国家：日本。在 14 种译本中，有些译本的目的是配合当时的自由贸易政策，大部分的情况则纯是学术性的动机。尤其在第一次世界大战之后，日本对《国富论》的学习，主要是着重斯密的社会与经济见解。不同译者有不同的解读角度，他们所处时代的社会需求也不同，他们都想从《国富论》得到不同的答案，也因而一再地重译此书。

2.4.3 传递的方法

Alexandrin（1977）提供一个有趣的分析架构，可用来研究这个子题，可惜这篇文章不太为人所知。他的主旨是研究《国富论》发表前后是如何传入俄国的，以及俄国各界的反应状况。他认为有五个角色与此书在俄国的传达相关：原著、敬仰者、媒介、传达者、接受者。他提供这五个角色所对应的真实人物，以及他们各自扮演的功能，之后在他文章中的表 1 列举斯密的经济政策建议，在表 2 列举俄国在当时所要追求的经济目标，用以对比出《国富论》对俄国经济政策的影响方面与层次。我觉得这个架构完整，视角也很有启发性，更重要的是，俄国是探究这个题材的理想例子。以下举三个例子，说明《国富论》是如何引入各国的。

第一种是最直接的方式：把《国富论》从英文译成本国语言。译者有可能直接与斯密本人熟识（例如丹麦的 Frants Draebye），或曾经和他通过信并得到他的允许（例如法国的 Blavet），或关系间接，只因为曾经在英国留过学（例如严复）。这是最寻常的思想传递方式，也是在第一层次上的传递（单纯的转译文字），可称之为"线性"的传达。

俄国属于另一种类型，可称之为"多线性"的：通过多重管道传入。俄国派两个学生去 Glasgow 大学听斯密讲课，在《国富论》出版前，俄国学界与政界已熟知斯密学说的精要；此书出版后也译成俄文。主要的敬仰者有 Desnitsky 和 Catherine Dashkov 伯爵夫人以及她的年轻儿子 Paul（1763—1807）。

第三种传递的类型，是属于另一种层次的手法：把《国富论》的学说吸纳入本国的经济论述体系，可以用德国的例子来说明这个现象。Sartorius 在 1796 年写了第一本"斯密式"的教科书：*Handbuch des Staatswitrschaft zum Gebrauche bey akademischen Vorlesungen, nach Adam Smith's Grundsätzen ausgearbeitet*。他在书名中明确表示，这是以斯密原著为基础，再和德国传统的国家经济学 Staatwirtschaft 结合之后的著作；这本书可视为德国正面接纳《国富论》的开始。他使用这本 234 页的书为教材，在哥廷根大学教授多年，此书在 1800 年时还译成瑞典文。Sartorius 在序文里说："下列摘要的作者，根据下列的原则教过五年，初学者通常都能理解，作者感到相当庆幸。作者也确

信斯密已经发现了真理，所以愿意以传播此学说为己任。"还
有另一个例子。德国教授 K. H. Rau（1792—1870）所写的三
册经济学教科书，在学界广为采用（1826—1837 年间出版，之
后发行多次修订版）。许多著名的经济学者，如 Rocher、
Wagner、 C. Menger，在求学过程中都读过这套教科书。Rau
的手法是把斯密的学说和原理，纳入传统德国经济学的架构
内。这本书并无新颖性，但已能把《国富论》的学说和德国传
统官房学派的论述结合起来，非常有助于德国知识界对《国富
论》的接纳。

在传播《国富论》时有两项一般性的障碍，一是语言上的
（词汇不足），二是概念上的（缺乏相对应的观念）。例如，
《国富论》在圣彼得堡以四册的形式出版时（1802—1806），要
把斯密的学说精要地译成俄文，会遇到相当大的困难。政治经
济学方面的名词在俄文中刚刚才开始，斯密所论及的社会关系
和制度上的事情，对俄国人而言是陌生的。虽然启蒙时期的词
汇和概念已译入俄文，但经济学说和经济政策方面的知识，在
俄国还没有能被充分接受的基础。曾长期任教于哈佛大学的俄
裔著名经济史学者 Gerschenkron 说："经济上和商业方面的名
词惊人地缺乏，……大约只有两打外来语能用来解说经济概
念。"严复在 1900 年前后翻译时，也有类似的困扰。

2.4.4 接纳与影响

我选出下列五项子题，来解说这个复杂的问题：接纳的困
难性，《国富论》对决策者的影响，自由贸易论与自由放任说
是传播最广的论点，值得细究，各国对斯密的理论分析缺乏兴
趣，左翼人士对《国富论》的反应。

(1) 接纳的困难性。

第一类型的困难性显而易见：接受国的智识状况，对斯密的理论与见解不感兴趣；在经济环境方面，也和《国富论》所指涉的背景不相容。意大利在 18 世纪 80 年代还处于重商主义的情境，对意大利的读者而言，《国富论》的具体政策内容并无多大新意，甚至还比不上意大利优秀经济学者的著作。意大利的自由贸易论者很少提到这本书，其中有一位著名的自由贸易论者 Count d'Arco of Mantova（1739—1791），好像还不知道斯密；另一位 Palmieri 在 1790 年提出一套商业政策说，也完全看不出斯密的影响。

另一种困难的类型较不常见，德语系国家是个好例子：有另一股经济论述系统在抗拒斯密的学说。德国传统官房学派教授所写的经济学教科书，甚至是晚至 19 世纪 20 年代才出版的，也通常无视《国富论》的存在。Sonnenfels 写的教科书，可说是官房学派的"官方著作"，在 1848 年革命之前，此书主宰了奥地利帝国的经济学教育界。他的学生 von Kudler（1786—1853）后来担任维也纳大学的教授，一直到 1846 年才把斯密的精神，纳入他老师所遗留下来的旧教材内。官房学派对斯密学说的抗拒相当明显，他们对自由主义的初步反应并不友善，但这种态度在几十年之后已逐渐软化。

(2) 对决策者的影响。

我有点惊讶地发现，斯密对决策者的影响相当有限。以法国为例，Palyi（1928：209）说拿破仑在巴黎念军校时读过《国富论》，他掌权时对经济和财政问题的处理方式（要求完善的货币和稳定的利率，对公共支出的严格态度，厌恶在非紧急状态下发行公债，坚决反对国家介入贸易），可能是受斯密和法国追随斯密学说者的影响。但若以拿破仑的屡次四方征战，以及他个人的强势作为，很难体会上述的说法，我们需要更坚实的证据才能同意这个论点。

俄国的例子较明确。Desnitsky 是到 Glasgow 大学听讲的两位留学生之一，被视为 18 世纪下半叶俄国最突出的社会和政治思想家，也被俄国的法学史学者视为俄国的法学之父。他在 1768 年提出一套财政建言书，其中传达了一些斯密的见解，但真正的影响却是另一回事。斯密所倡议的是经济自由化，但当时俄国女皇叶卡特琳娜二世所关切的，是要如何在她的大陆王国内建立起政治、社会、行政的基础。她和她的继位者，虽然说要创办制造业，要协助资产阶级兴起，但真正的作为却是在独占土地、奴役人民、压抑反动论说。叶卡特琳娜二世本人或许有开明的思想，但以俄国当时的社会结构和经济情境来看，她不知要如何落实斯密的学说。英俄两国的实质发展差距，使得《国富论》的信息难以在俄国落地生根。

(3) 自由贸易和自由放任说。

这两者其实是一体的两面，也是《国富论》内最广为人知的经济原则。每个国家随着各自条件的不同，对这个信息自然会有不一样的反应，在此只需举几个例子。

斯密的自由贸易说，在 19 世纪 40 年代才开始在意大利着陆，主要是透过 Mengotti 著作的引介。自由主义和自由贸易，成为联结国内各股势力的媒介，甚至还组成一个 "Piemontese 自由市场运动"，其中的主要人物之一是统计学者 Camillo Cavour，他是斯密学说的热心支持者。

在 1792—1802 年间以葡萄牙文出版的著作中，只有零散地提到《国富论》，范围都不出分工、自由生产、自由贸易这几项。Lisboa 之所以热诚地支持斯密学说，主要是因为斯密对经济自由的主张最明确。Lisboa 写作的地点不是在本国，而是在巴西；1808—1810 年间，他在里约热内卢出版不少小册子，一再地赞扬《国富论》。这位巴西知识分子的主要目的，是要追求这个属地在经济上能够自立发展，他全心响应《国富论》学说的用意非常清楚：他要用斯密的分工理论，来支持如果巴西能够自主地成为国际分工的一部分，会有哪些好处。

斯密学说在 19 世纪初的俄国，遇到很不相同的处境。当时官方的报纸是 *The St. Petersburg Journal*，此报眼中的斯密是"一位伟大的人物，掌握到一项重要的真理"。他们也认为政府的职责应该不要太沉重，政府不应过度活动，只要让产业有自然的自由即可："让政府去除所有的禁止和管制体系，不要用管制来束缚产业。"内政部长 Kochubey 对斯密学说中重农主义的部分很感兴趣，他在 1803 年的报告中，主张政府应该让私人产业自由，但要充分掌握产业进展的信息，若产业有需要时就提供协助。1815—1820 年间，有一个"皇家自由经济协会"，它的官方报纸是 *The Spirit of the Journal*（*Dukh Jurnalov*），路线是积极倡议废除保护，在思想层面上积极摘译 Say、Bentham、Sismondi，以及其他西欧作家的著作。这些自由贸易论者，并不完全是从斯密那里学到这些信念，主要的思想来源是法国的重农学派，因为他们积极倡议农业是国家财富的主要来源。

西班牙的自由经济学说，很快地通过好几条管道传入殖民地。1778 年颁布的命令中，提出商业自由（comercio libre）的政策，一般视之为自由贸易的措施。但其实完全不是字面上所说的意思，而是因为在过去两个半世纪之间，在西班牙和美洲有几个港口不准和海外自由贸易，现在要让它们解禁开放而已。或许《国富论》有助于殖民统治者理解到，让殖民地有较大的自由度对西班牙反而有益，但很少有人会全盘接受斯密和

Say 的全套自由经济论。西班牙人是通过法国经济学者 Say 的著作才认识斯密的，西班牙人称 Say 为"法国的斯密"。虽然斯密被视为经济自由主义之父，但《国富论》在西班牙的读者却很有限。最受西班牙自由主义者欢迎的自由贸易论和反对干预论，并不是来自《国富论》，而是来自法国 Bastiat 的 *Economic Sophisms*。也就是说，法国的 Say 和 Bastiat 在西班牙经济学界的声望，要比斯密来得高。我觉得这是一个有启发性的例子：各国人士或许会不自觉地认为，他们的经济自由主义也是来自斯密，其实说不定另有来源。

（4）对斯密的经济理论缺乏兴趣。

大多数国家对《国富论》的兴趣，都反映在自由贸易这个议题上，这当然也反映了这些国家当时的经济处境。其实，《国富论》内也论及一些与国家富强相关的重要议题，例如教育、公债、资本累积等等，这些被忽视的方面，也正是《国富论》完整书名中常被忽略的部分，即"国家财富的起因"。这让我注意到另一个有趣的现象：《国富论》在向外传播的初期，除了法国之外，大多数国家都只注意到《国富论》的实务面（以自由贸易为主）；《国富论》的理论面，例如市场效率说、看不见的手定理，大都被忽视或视为不相干。大致说来，《国富论》在外国被阅读的部分是片段的，各国评论《国富论》的作者，通常没有足够的能力全盘掌握此书，也因而在外国造成误导性的印象，认为《国富论》是一本析论实际经济事务与政策的著作。

葡萄牙的例子很能说明这一点。葡萄牙的作者在 1790—1810 年间，还不太能掌握 18 世纪下半叶欧洲经济思想主流在理论与结构分析方面的论述，《国富论》内的学理论述常被过滤掉，所以葡萄牙的学者不能称为斯密的学生，他们只能算是为了达到自身的目的，把斯密学说工具化的宣传者而已。

（5）左翼读者的响应。

这个子题，换句话说，就是各国马克思主义者对斯密学说的回应。我的观察样本只限于中国、日本和俄国。在1921年中国共产党成立之前，马克思主义的经济学说已经传入中国（主要是通过留日和留欧学生），知识分子的接纳性不低，学界也开始用马克思主义的观点来批评古典经济学说，斯密的经济思想当然是他们的目标。《国富论》在20世纪20年代末期再度引起中国学界的注意，但严复的译本过于古雅失真，郭大力和王亚南这两位马克思主义学者，在1931年1月出版此书的第二个译本。他们译此书的动机之一，是为了帮助中国读者更好地理解《资本论》；他们先合译了《资本论》，之后再合译《国富论》，两者都是1931年出版，但《国富论》较先。郭大力和王亚南两人对《资本论》较有研究，对《国富论》则是翻译而未作深入探究。那时中国左派读者对《国富论》的态度，基本上是否定的，他们未必理解《国富论》内的经济分析逻辑，而是从较反对资本主义的观点，去反对这本替资本家利益辩解的著作。

在日本也有类似的现象，但情况不同。大家都知道日本经济学界，尤其在经济思想史领域内，马克思主义的传统是一股大力量，从20世纪初至今都如此；研究斯密学说的专家，大部分是马克思主义学派的学者出身，或是有此倾向的同情者。大约从1910年以来，马克思主义学说强烈地影响了日本的社会学家和思想家，这种情况在第二次世界大战后更是明显。战后日本对马克思主义学说的热衷，间接地促进了对斯密的研究，原因和在中国的情况类似：斯密的学说曾经是马克思思想的源头之一。

列宁曾经研读斯密的原著，在《列宁全集》内常可见到他引述斯密的原著或俄文译本。列宁也常引用《资本论》内所提到的斯密论点，他称斯密为"主要资产阶级的伟大意识形态家"。斯密在俄国的地位有过明显的高低起伏，这是值得用一本专著来研究的重要题材。

2.4.5 拒斥

在叶卡特琳娜二世时代有许多学者明确地表示，斯密的自由放任和自由贸易说不适合俄国社会的集体主义和公社精神。德国历史学派的 List（1841），对斯密学说的反感最强烈："亚当·斯密的学说，不论在国家经济或国际经济方面，都只是承续（法国）重农学派的体系。和重农学派相似的地方，是它忽略了各国之间的特质差异，完全未顾虑到政治和国家权力方面的问题。……亚当·斯密陷入这类的基本错误，正如在他之前的重农学派所犯的错误一样，视完全自由的国际贸易为不可怀疑的基本定理，而未考察历史的经验是否支持这种想法。……这种错误是显而易见的，把整套论说建立在一个以全体私人经济为基础的体系上，或甚至推广到全体人类都可以适用，好像那个经济体系就能自我发展起来，而不必有国家的区别，或有所谓国家利益存在的样子；好像在政治组织上或文明程度上，都不需要有任何的区别一样；也好像这是个不会有战争，也不会有仇恨的世界一样。这其实只不过是一套价值理论，这是小商店老板或个别商人的经济理论，而不是一项科学的学说，无法显示整个国家的生产力为何会存在，如何增进、如何维持和保存，以及如何使自己的文明获益，提升福利、能力、持续性和独立性。这套论说体系，是从小商店老板的眼光来理解一切事务。……简言之，……如果要对这个人或这本书说出看法的话，我们不得不对它的狭隘性，以及他的邪恶观点感到震惊。"这是我所知道对斯密和《国富论》最赤裸裸的批评，但也确实有相当的力量。

在西班牙，对《国富论》最有影响力的批评者是 Catalan 地区的法学家 Ramon Lazaro de Dou y de Bassols（1742—1832）。他承认《国富论》的深度，但拒绝接受斯密对商业政策的观点。Dou 批评一些西班牙作者，说他们在反对关税时，总是引用斯密来当作权威性的靠山，Dou 说其实英国根本就没有实行过自由贸易，他认为"一个国家若要想和另一个国家能相比拟，或是想超越另一个国家的产业，就必须远离斯密的学说体系"，他主张用关税壁垒来保护 Catalan 地区的工业化。

2.4.6 斯密的影响

学界公认《国富论》是过去两个世纪以来最重要的人文社会科学巨著之一，现在回过头来看它刚出版时引起过哪些奇异的反应。Sir John Pringle 说："斯密博士从未有过商业上的经验，他在这方面的著作，我们无法期待会比一位律师所写的物理学还好。"（Braudel，1982：412）法国的《学人杂志》（*Journal des Sçavants*），在消息栏（notice）内提到《国富论》这本书，所加注的意见是："我们知识界的人士中有些人读过这本书，决定它不适合译成本国语言。"所附的理由包括："本书没有什么特点，在不确定的情况下，无人肯承担印制费，出版商更不愿意。但本书中仍有许多有用的观点，对政治人物或许有用。"（1777 年 2 月号，页 81—84）法文版问世后，有许多人同意这本书的"力量"，但认为"编排得不好，不容易读懂，有些地方混淆和模棱两可"。心仪斯密并大力在法国推广他学说的 J. –B. Say（1767—1832），在他的《政治经济纲要》中批评《国富论》是"一堆混乱的想法，和积极有用知识的组合"。

大家或许会以为，斯密对本节所述这 10 个非英语系国家的影响，在过去两个世纪间必然相当显著的，然而上述和下面的证据并不支持这项看法。法国的 Rossi 是 Say 在法兰西学院讲座的继承者，他在 19 世纪 40 年代说过：法国的资产阶级热情地接受斯密的自由经济学说，一直到他们成为国家的统治者为止，之后他们就只对保护和干预政策有兴趣。整体而言，在 1789 年法国大革命之后，斯密在经济学理上的意义较大，对经济政策的影响相当小。再来看西班牙的情况。有些西班牙论述经济事务的作者，被视为受到斯密相当大的影响，但也有不少重要的作者，却看不出受过斯密的任何影响。西班牙经济学者的专业知识，在《国富论》出版之前已有相当水平；此外，他们受法国的影响远比英国直接，他们的自由贸易说更是早在《国富论》出版之前，就从法国的重农学派传入了。

虽然现代人视斯密为自由经济之父，但法、意、西三国的例子都显示出，他们的经济自由论并不是来自斯密。欧洲大陆的文化语言，直到 19 世纪末为止都是法文而非英文；欧洲大陆的自由经济思想来自法国的重农学派而非英国的《国富论》，然而在非欧洲的国家（例如中国和日本），自由放任之说则是来自《国富论》。斯密对各国经济政策的影响力，两百多年间在这些国家之内都很有限，他的贡献主要是在经济学理上的：反独占、最少的干预、自由市场的效率等概念，而不是在真实的政策面上。我的结论和 70 多年前 Palyi（1928：180）的观察很相似："亚当·斯密思想的影响相当有限。"

＊　＊　＊

本章第 2.3 节综述各国翻译《国富论》时，所发生的诸多事件与内容上的转介问题；各国在不同时期对此书的各种反应，以及不同经济思想学派的人士，对斯密式经济自由主义的诸多回响，也在第 2.4 节内做了概观式的鸟瞰。以下诸章的内容，是从严复译案《原富》的个例，来显示《国富论》翻译成中文时，在词汇上与概念上（第 3 章）、在经济学理上（第 4 章）、在经济政策上（第 5 章）产生了哪些现象，或许可以当作其他国家研究各自的"严复问题"时的参考。

3
《原富》的翻译和案语

　　"Traduttore traditore" 这句意大利文的大意是 "翻译即叛逆"：再好的翻译也有漏失某些神韵的可能，翻译不只是文字的转换，有时甚至还是另一种创作。以这种说法来看严复的译本相当贴切：从本章所举的例子可以看出他在翻译此书时，有误译、扭曲、简化、改写、误解的情况。有两种方式可以替他辩解：（1）在他的时代，中文学界可以用来译介此书的知识背景与词汇皆不足，他的成果已经很不容易，后人不应以现代的标准苛求他，反而应该同情地理解他的处境与成绩。（2）逐句迻译是近代人对翻译的观念，16—19 世纪之间的翻译工作，不论在欧洲或中国，译者改写原文以求读者通达易解的做法是常态，"翻译就是叛逆"这句话并没有恶意；如果严复对翻译工作的态度属于此类，那就不能以扭曲、简化、改写的角度来批评他。

　　有了这层理解之后，本章分析论述下列主题：第 3.1 节探讨他译此书的动机和他对此书的定位，以及他对此书的期盼。第 3.2 节分析严复是如何翻译这本书的？他的手法是属于哪种形式？我先举几个名词上的例子（表3.1），说明读者可能会遭遇的困难；然后举3段斯密的原文，用三种中译本的译文来对照（表3.2），就可以看出他译笔的方式与特色。第3.3节以表3.3来说明他的案语可分成几类，以及有哪些隐潜的性质，之后举例对比这些案语的经济含义（表3.4）。

3.1 翻译的动机

如果严复以追求中国的富强为出发点，向西方求取可供借鉴的经验，他为什么要译一本离他译书时（1896年）已有120年历史的《国富论》？他从《国富论》中取来的处方，适用于清末的社会经济条件吗？

他在英国留学期间（1877—1879），似乎未受过正规的经济学训练，但他对经济学发展方向的认识，基本上是正确的。例如，他知道经济学并非斯密所创："谓计学创于斯密，此阿好者之言也。夫财赋不为专学，其散见于各家之著述者无论已。中国自三古以还，若《大学》，若《周官》，若《管子》、《孟子》，若《史记》之《平准书》、《货殖列传》，《汉书》之《食货志》，桓宽之《盐铁论》，降至唐之杜佑、宋之王安石，虽未立本干，循条发叶，不得谓于理财之义无所发明。至于泰西，则希腊罗马代有专家。而斯密氏所亲承之师友，若庚智伦、若特嘉尔、若图华尼、若休蒙大辟、若哈哲孙、若洛克、若孟德斯鸠、若麦庚斯、若柏柢，其言论謦咳，皆散见于本书。"（"译事例言"，页1—2）

他也知道当时经济学界（新古典学派）的主要人物，以及他们已经运用微积分等数学工具，来做归纳和演绎的分析：

"计学于科学为内籀之属。内籀者，观化察变，见其会通，立为公例者也。如斯密、理嘉图［严复所译《国富论》（商务印书馆）中的"理嘉图"保持旧称。——编者注］、穆勒父子之所论著，皆属此类。然至近世如耶方斯、马夏律诸书，则渐入外籀，为微积曲线之可推，而其理乃益密。此二百年来，计学之大进步也。故计学欲窥全豹，于斯密《原富》而外，若穆勒、倭克尔、马夏律三家之作，皆宜迻译，乃有以尽此学之源流，而无后时之叹，此则不佞所有志未逮者。后生可畏，知必有赓续而成之者矣。"（"译事例言"，页2）①

为什么严复在 1896 年时不译一本近代的经济学或经济政策著作，而去找一本 1776 年出版的《国富论》? 严复的说法是："计学以近代为精密。乃不佞独有取于是书，而以为先事者，盖温故知新之义，一也；其中所指斥当轴之迷谬，多吾国言财政者之所同然，所谓从其后而鞭之，二也；其书于欧亚二洲始通之情势，英法诸国旧日所用之典章，多所纂引，足资考镜，三也；标一公理，则必有事实为之证喻，不若他书，勃窣理窟，洁净精微，不便浅学，四也。"（"译事例言"，页2—3）简言之，他认为：（1）读过去的名著，可以温故知新。（2）该书中所指的英国经济政策缺失，与中国的情形有类通之处，可资借鉴。（3）欧洲的旧典章制度，足资考镜。（4）该书说理清晰，有史实为证，值得学习。其实在这四项比较表面性的理由之外，还有一些更深层的背景与动机，分析论述如下。

---

① 此段内的许多人名、名词必须和《原富》人人文库版下册后所附的"《原富》译名表"相对读：理嘉图是 David Ricardo，穆勒父子是 James Mill 和 John Stuart Mill，耶方斯是 Stanley Jevons，马夏律是 Alfred Marshall，倭克尔是 Francis Walker。

严复在 1896 年译《原富》时，正是新古典经济学派大盛之际，如上所述，他已经知道耶方斯（William Stanley Jevons，1835—1882）、马夏律（Alfred Marshall，1842—1924）等人的名字，以及他们研究经济学的方法与层次。斯密、马尔萨斯、李嘉图等人，用文字叙述分析的方法，研究国家（总体）经济的传统，这是古典经济学派。19 世纪中叶以后的新古典学派，研究的重心已由追求国富的总体（宏观）政策，转向个体（微观）经济学的"边际效用分析"、"消费者剩余理论"、"厂商与产业理论"，这和严复所要的"富强"药方并不相符。

首先，和他同时代的新古典学派，所面临的问题是工业起飞后的产业与消费问题，以当时中国经济的情境，严复或许认为向重商主义时代的亚当·斯密求援较妥切。这一点他在《原富》页 532 的案语中说得较清楚：斯密的书虽已较过时，但"愿不佞之为译，乃独有取于是书者，则以其论之中于吾病者方多，不徒登高行远必先卑迩已也，此亦梭伦造律先其利行之义也夫"。其次，在分析工具上，严复不一定能充分了解，新古典学派运用微积分来分析经济现象的意义。再次，这些运用数学分析的经济学著作，译成中文后最多也只能在船政学堂这类的技艺学校当教本，而不适合用来启发一般知识界与朝廷决策者追求中国富强的目的。

Schwartz（1964：116）对这个问题的看法是：既然当时译《原富》的主要目的是在追求富强，而在一个民间部门散乱、政府部门无力的中国社会，译介一本提倡"最小政府"、"自由放任"和"追求个人利益"的《国富论》，岂非正好与追求国家整体富强的目的相反？若要追求富强，所应学习的对象应该正好是《国富论》中所要打倒的"重商主义"。严复怎么能译介一本追求个人利益、反对重商主义的著作，而想达到重商主义的一贯目标：富强？Schwartz 的解释是：（1）辩明斯密提倡的个人自由，并不一定和社会的利益相冲突。（2）斯密的终极关怀，仍是最大多数人的最大福祉，所谓的"看不见的手"，就是在调和社群的整体利益。这两点解释的层次太哲学性，或许严复根本没意识到这种哲学相关性，或甚至不在意这个冲突性。反而是 Schwartz（1964：117）说了一项较具体的原因：《国富论》风行的时代，正是英国富强的盛期，这个榜样也许对严复较有吸引力，愿意把它当作学习的对象，当作追求富强的处方来用。严复在译《原富》时，已经把读者可能的反应计算在内，而且在前言和案语中反复强调自己的立场，试举两例。

（1）《国富论》的"压卷"之作，也是后人最重视的经济政策论点，是在第四篇中痛陈过去两个世纪以来英国重商主义之弊。其实斯密只是反对，重商主义的政府干预以及保护政策所带来的反效果，并非反对国家追求富强的商业行为。但当时中文读者内的保守派，很容易就附会成斯密是在"重农黜商贾"。所以吴汝纶在《原富》的序言中，说"中国士大夫以言利为讳，又怵习于重农抑商之说"，痛陈中国经济财政之学不发达的原因，责备士大夫到了危急之际，则"危败之形见而不思变计，则相与束手熟视而无如何。……虽终日抢攘彷徨，交走骁愕，而卒无分毫之益"。接着他力陈"然而，不痛改讳言利之习，不力破重农抑商之故见，则财且遗弃于不知"。他在说明中国古时并无重农抑商的偏见之后，又担心《原富》会给人西洋也有重农抑商之说的印象，所以他在最后说明："……此亚丹氏言利之书也。顾时若不满于商，要非吾国抑商之说，故表而辨明之。"这种表面文字的论说，大概不易说服有成见的读者。

严复自己的辩解就清楚多了。他的诉求方式，是说明英国重商主义时代商人的劣行，以及官商相因之弊："斯密此书，论及商贾，辄有疾首蹙额之思。后人释私平意观之，每觉所言之过，然亦知斯密时之商贾，为何等商贾乎？税关屯栈者，公司之利也，彼以谋而沮其成，阴嗾七年之战。战费既重，而印度公司所待以楷柱其业者又不訾。事转相因，于是乎有北美之战，此其害于外者也。选议员则购推举，议权税则赂当轴，大坏英国之法度，此其害于内者也。此曹顾利否耳？何尝恤国家乎？又何怪斯密言之之痛也。"（"译事例言"，页 4—5）他借此向读者说明，切勿因斯密反对重商主义，而更坚信中国传统的重农抑商政策。

（2）正如吴汝纶所言，"中国士大夫以言利为讳"，而《原富》又是"亚丹氏言利之书也"，那么他们两人又如何能期望读者接受这本"言利之书"呢？严复的辩解方式，是把斯密的"言利"归于"科学之事"，想用当时中国对"赛先生"（科学）的欢迎，来缓和士大夫的"言利之讳"："然而，犹有以斯密氏此书为纯于功利之说者，以谓如计学家言，则人道计赢虑亏，将无往而不出于喻利，驯致其效，天理将亡。此其为言厉矣。独不知科学之事主于所明之诚妄而已。其合于仁义与否，非所容心也。且其所言者计也。固将非计不言，抑非曰人道止于为计乃已足也。从而尤之，此何异读兵谋之书，而訾其伐国，睹针砭之论，而怪其伤人乎？"（"译事例言"，页 6）这种说法对新生代当然有影响力，但对保守人士的说服力则不易察知。①

---

① 皮后锋（2000：310—313）诠释严复选译《国富论》的动机与缘由，并对我的见解提出批评，请参考比较。

3.2 误译与扭曲

严复在《群己权界论》（1903）的"译凡例"页3说："海内读吾译者，往往以不可猝解，訾其艰深。不知原书之难，且实过之。理本奥衍，与不佞文字固无涉也。"这段话说明两件事：（1）读者在阅读过程中，普遍有难懂严复译文的感觉；（2）严复在译书时，未必能掌握全书要旨，以及学说的内在逻辑理路。这是难免的现象，一是因为当时的中文在词汇和概念上，都还不足以统摄另一种文化的思想体系；二是因为严复所受的专业训练（海军），或许尚不足以评论所译介书籍的精要，《原富》就是个显例。

先从专有名词和术语上的译法，来说明读者在阅读《原富》时的困扰。《原富》的"译事例言"页7说："又，此译所附中西编年，及地名、人名、物义诸表，则张菊生比部、郑稚辛孝廉，于编订之余列为数种，以便学者考订者也。"其中的"中西年表"，附在首册的译事例言之后；而"地名人名物义诸表"，在商务印书馆人人文库版中并未见到，反而是在下册卷末另附"原富译名表"80页，注明今译名词以相对照，大概是商务版的编辑为了方便读者才另外编成的。我从该表中举例制成表3.1，说明《原富》的读者可能会因名词上的困难而难以理解文句。

表 3.1　《原富》译文中难解词语的类型举例

	《原富》的译法 与原文对照	页数	现用译法	说明
新词语	版克（Bank）	7	银行	经济学上买与卖是两回事，而严复在页 26 又译 purchasing 为"致物"
	买卖（purchase）	13	购买	
	功力（labor）	25	劳动力	
	大通商法（free trade）	456	自由贸易	
人名	庚智伦（Cantillon）	2	康第用	不谙法文发音，以英语译法强译的结果
	杨亚德	414		疑为英经济学家 A. Young（1741—1820）
地名	鄂林（Rhine）	18	莱茵河	文字中辨不出是河流
	卢夷鲜那（Louisiana）	317	路易斯安那	不易由中文看出是在何国何地
	秘智	226	秘鲁与智利	易误为一地名，实则为两个名合称
专业术语	小还例（law of dimi- nishing return）	214	报酬递减法则	西洋经济学概念，当时的读者不易懂
	大还限（point of max- imum return）	214	最大报酬点	
未能辨明者	刚囊门	2		
	威克非	69		

说明：

1. 以上仅举数例，《原富》译本中这类不可解、误译的名词甚多。若无商务印书馆"人人文库"版下册所附的对照表，实在难以确定句意，但该表仍有不足或甚至错误之处。

2. 严译只列出篇章，而未分列"节"次，在与原文查索对照时困难。

3. 本表中的页数是以商务印书馆"人人文库"版为准。

　　大致说来，严复译法对读者最大的困扰，是未把原文附在专有名词和术语之后，否则粗通英文的读者可以判断出个大略，或进一步查阅工具书。严复译《原富》的限制：（1）是他没有西洋经济学的训练，如表 3.1 中所举的"小还例"，或许有中国算学上的名词根据，但却无法表达该名词的经济内含（报酬递减）。（2）是当时中文词汇不足，如表中所举的"版克"（银行），或许读者能揣测其意也未可知，因为这类的音译法在当时曾流行过。① （3）是他未去查明书内人名所代表的意义，他只音译出名字，而未说明此人的重要性。（4）他用英语发音去发非英国（尤其是法国）的人名地名，粗通法文者看懂后常哑然。

严复译书在中国学术史上甚有影响，在译事上也以"一名之立，旬月踟蹰"和"信、雅、达"闻名，他有许多新创的译法仍流传至今，如"物竞天择，适者生存"。但在经济学领域里，他的译法似乎很少在中国经济学界传用下来，后来反而被日本的经济学名词主宰了。例如，严复译 Economics 为"计学"，他在"译事例言"内已解说过这么译的理由，在《原富》页 419 中又有进一步的说明，但此词日后仍被日译的"经济学"取代。此外，他有些译法很古雅，如译货币为"泉币"，译工资为"庸"、利润为"赢"，这些也都和"商宗计学"、"农宗计学"一样，被后来的"重商主义"、"重农主义"等日译名词取代了。现今中文经济学教材中，许多名词仍是借自日译，如"无差异曲线"、"效用"，甚至连《国富论》这个译名也是日本的。

表 3.2 用《国富论》全书导论的前三段原文，来对比三种中译本的译文，基本的差异是：从篇幅上来看，愈新的译本译得愈长；从文理上来看，愈新的译本愈清晰。周宪文和张汉裕的译本参考日译本（他们翻译时未参照严复和郭大力、王亚南

---

① 其实 1846 年东方银行已来华，中国通商银行也已于 1897 年成立，严复若译为银行，也应有读者可以理解。

表 3.2 (1)　《国富论》导论前三段原文

[I]	INTRODUCTION AND PLAN OF THE WORK
1	T_{HE} annual labour of every nation is the fund which originally supplies it with all the necessaries and conveniences of life which it annually consumes, and which consist always, either in the immediate produce of that labour, or in what is purchased with that produce from other nations.
2	According therefore, as this produce, or what is purchased with it, bears a greater or smaller proportion to the number of those who are to consume it, the nation will be better or worse supplied with all the necessaries and conveniences for which it has occasion.
3	But this proportion must in every nation be regulated by two different circumstances; first, by the skill, dexterity, and judgment with which 　[2] [a]its[a]labour is generally applied[b]; and, secondly, by the proportion between the number of those who are employed in useful labour, and that of those who are not so employed. Whatever be the soil, climate, or extent of territory of any particular nation, the abundance or scantiness of its annual supply must, in that particular situation, depend upon those two circumstances.

的译本），语法上受了日文语气的影响。单就严复的译文来看，行文最典雅，用字最简约。但就传达原文意义效果的观点来看，对现代人而言最不易懂，但对清末民初古文基础较佳的读者而言，说不定反而是一种吸引他们阅读的必要策略。能把逻辑迥异的西洋思想，用"骎骎与晚周诸子相上下"的文字表达，可能会吸引两种原本相斥的读者群：一是追求西洋新知的新世代，二是保守的读者，他们会想知道这位古文能力不比他

表 3.2 (2) 《国富论》3 种中译本的举例比较

一、严复译本 (1902)	二、郭大力、王亚南译本 (1931)	三、周宪文、张汉裕译本 (1964)
发凡	序论及全书设计	序论及本书的结构
凡一群生事之所需，皆于其民力是出。是故国之岁费，与其岁殖，有相待之率焉。殖过费则为盈，盈则其民舒。费过殖则为朒，朒则其民蹙。其所视以为盈朒者，常在四事。一曰致力之巧拙。二曰出货之疾徐。三曰生者之众寡。四曰执业之损益。无论其国天时地利之何如，率之盈朒，恒视此四者。均是田也，甲十钟而乙五，则巧拙之分也。均是民也，此日一而彼日百，则疾徐之异也。至于游民众多，作为无益，国以之贫，其故尤易知耳。	一国国民每年的劳动，原本就是供给这国民每年消费一切生活必需品方便品的资源。构成这种必需品方便品的，或者是本国劳动的直接产物或者是用这类产物从外国购进来的物品。

这类产物或由这类产物从外国购进来的物品，对消费者人数，可以持著或大或小的比例。一国民所需要的一切必需品方便品之供给状况，即按这比例而或好或坏。

但无论就哪一国国民说，这比例，均须受支配于下述两种事情。第一，受支配于这国民劳动的通常运用，是怎样熟练，怎样技巧，怎样有判断力；其次，受支配于用在有用劳动上的人数，对不用在有用劳动上的人数，究成什么比例。在一国领土内，不论土壤气候面积怎样，这国民每年供给的丰歉状况，都取决于这两种事情。 | 每年的劳动生产物供给每年的消费物　任何国民每年的劳动，原为供给其国民每年所消费的一切生活必需品与便利品的资源 (fund)；这种必需品与便利品，或为一国国民劳动的直接生产物，或为以其生产物向别的国民购买来的。

供给是否充分，乃视生产物对于人口的比例而异　因此，视这种生产物或用这种生产物所购买来的物品，其对消费人数的比例，为多为少，一国国民所需要的一切必需品及便利品之供给，就有丰啬之别。

这一比例，是由两事决定：<u>一为劳动的熟练，二为有用工人的比例</u>　不过，这一比例，不论在任何国民，都由两件不同的事情所决定。第一视其劳动在一般应用上的熟练、技巧及判断如何。第二视其使用于有用劳动的人数，与并不如此使用的劳动人数，两者的比例如何。不论某一国家的土壤、气候及领土的大小如何，至其每年的供给是否充分，在其一定的环境之内，常非取决于此两者不可。 |

说明：

1. 严复译本几乎是完全浓缩改写，且参有己意。例如严复文中之"常在四事"，在原文中只有两事。

2. 严复译本几乎已失西洋经济学之逻辑推理过程，近乎"面貌全非"。

3. 周宪文译本文中以横底线标出者，是 Cannan 教授依原文旨意，在文边所加之"栏外提要"。另，周宪文译本受日译词句的明显影响。

们差的译者，用什么方式在介绍、吸纳西洋学说。

表 3.2 的另一项功能是：从此例可以知道斯密的原意，和
《原富》译文所传达的信息，两者之间有怎样的差别。以表 3.2
严复译本的最后一句话"至于游民众多，作为无益，国以之
贫，其故尤易知耳"来看，在原文和其他两种译文中都看不出
这层意思，严复译文改写或扭曲的程度由此可见一斑。翻译方
面的问题，因为不构成经济性的命题，所以有了表 3.2 的例子
即可，不必进一步列举斯密的原文来和严复的译文相对比。黄
克武（1998）的第三章和书后的附录，对比严译《群己权界
论》和 Mill《论自由》的原文，分析得都很到位。《国富论》
的内容是属于直接的经济现象，和《论自由》的哲学论述在性
质上很不相同，详细对比《国富论》和《原富》在文字方面的
歧异，在意义上和成果上都有限。和表 3.2 类似的例子，我手
边累积了不少，但不拟细表。①

---

① 对这个题材有兴趣的读者，请参阅本书的英文版（初稿）。我的
合作者是美国南伊利诺大学 Carbondale 校区的经济系教授 Paul Trescott。
除了细节的更动和文字的改写外，他的着重点是对比斯密的原文和严复的
译文，来分析严复对《国富论》内经济学理的理解。他设定了五项主题：
The morality of markets. The general –equilibrium perspective on prices and
resource allocation. Economic growth. The role of government and its limitations.
Smith's comments on China.
我们的分工方式是：他从《国富论》英文版中选取和这五项主题相
关的部分，我去找《原富》内的对应段落，然后把严复的译文译回英文；
他据此对比出严复对斯密原文的取舍与理解的方式，以及严复在译文中所
隐含的批评。我没有把这些译成中文收在此书内，因为这是一个较专业的
题材，国内文史学界的读者可能兴趣较低。此外，中英文版之间的差别，
也可以显示出我自己的版本以及 Trescott 贡献的部分。
本章的几个表格，以及全书中有许多纯中国式的语体，在英文版内
都难以充分表达，阅读中英文版的人必然会看出两种版本的互补性。此
外，中文版第四章所论严复对《国富论》的理解，主旨是在分析严复的
310 条案语中，对《国富论》内容的评论。上述英文版内所分析的五项题
材，是在对比斯密的原文以及严复的译文，在性质上是属于经济学理方面
的分析，在文本上是属于正文而非案语的部分。

3.3 案语解析

3.3.1 性质分类

　　《原富》内有 310 条译案语，表 3.3 依篇别和案语的性质（分为 7 种）列表统计，并举例说明这 7 种分类的区别。此外也列举各种分类在"人人文库"版的页数，以便查阅。从表 3.3 可以看出，他案注最多的地方，依次是第一、第四、第五篇，其余两篇相对较少。依性质来分，则以第 2 类（补充原文说明之不足）、第 3 类（评论原文说法）最多，其次是第 6 类（借洋之例以喻中国之失）。这个表可以大略说明他译《原富》时的主要关怀层面：第一篇（劳动要素的生产力与要素所得之分配）、第四篇（经济政策）、第五篇（公共财政）。从译案的角度来看，以说明居多（第 2、3 类），借洋喻中的条数（第 4、5、6 类）较少。

　　严复并未意识到他的案语可以分成这几类性质。在"译事例言"（页 6—7）中，他只提到两种情形。一是他自己的译案："每见斯密之言于时事有关合者，或于己意有所怅触，辄为案论，丁宁反复，不自觉其言之长，而辞之激也。"二是他参考并译录 Thorold Rogers（1823—1890）教授注释《国富论》的脚注，并"录其善者附译之，以为后案。不佞亦杂取他家之说，参合己见，以相发明"。

　　《原富》中也有少数地方，是在译文中以括号夹加译注，而不另列为"案"者，例如页 15 中注明："……今是书中凡有交易之量者皆以货称，与古义异，学者详之。"此外，某些案语与正文或经济现象毫不相关，纯粹是他个人的感怀，如页

表 3.3　《原富》中译案语性质的分类比较

	第一篇 劳动力改善与要素所得之分配	第二篇 资本的性质累积与运用	第三篇 各国经济发展的不同途径	第四篇 经济政策	第五篇 公共财政	合　计
1.说明《国富论》成书时,与译书时的欧洲情况相异	22	5	1	4	1	33
2.补充原文说明之不足	34	12	5	25	19	95
3.评论原文说法	33	17	2	24	13	89
4.以中国式的说法与原文相比较	7	0	3	1	5	16
5.以中国经济与欧洲相比拟	2	2	1	2	1	8
6.借洋之例以喻中国之失	14	1	0	6	17	38
7.译自 Thorold Rogers 教授之注语	4	2	0	2	23	31
合　　计	116	39	12	64	79	310

(一) 举例说明

1. 说明译书时代 (1896—1901),与《国富论》出书时 (1776),欧洲情形已相异。例如严复译文页 118:"案农什之业不需为徒从师,特当斯密时如此,今大异矣。"

2. 补充原文说明不足者,如页 11:"案斯密氏之喻分工也,可谓辨晰矣。虽然,自后之计学家观之,犹有未尽者。"以下严复补充新见解。

3. 评论原文说法者,如页 24:"案空气水土三者,有时亦可相易。正文云云,特言其大凡而已,又物值无自言之理。斯密此说颇为后人所攻。"

4. 以中国式说法与欧洲相比拟,例如页 55:"案古之均输、平准、常平诸法，所欲求而一之者，皆此所谓平价者也。"又如页 624："案此与太史公尝有征发期会之语，若合符节。"

5. 以中国经济与欧洲相比拟，例如页 21："案中国古者皮币，诸侯以聘京。金有三等，黄金为上，白金为中，赤金为下。是三品并用，与今英法诸国同也。"

6. 借洋之例以论中国之失，如页 104："案今之英美诸国，皆庸优赢劣，而中国反此。彼之通我，最为得利。此所以海禁既用自西徂东，日盛月炽，虽铁牡汤池，不能距也。"

7. 严复所据之版本，有 Rogers 教授（1823—1890）的注释，严复"录其善者附译之"。

（二）依案语性质分类逐条列举

以下列出各条案语在商务印书馆"人人文库"版中的页数，以供查考。此项分类未必周全，尤其某些案语分跨两类或三类性质（如页 769 既译 Rogers 教授之言，又叹中国之失），则依其主旨选一类归之，以方便查索而已。少数案语条中有"又案"者，如页 477，则依性质分成两条，分别归类。另，某些页中同时有两案或三案者，故下列各项中有页数相同者。

1. 说明译书时，书中所谈之情境已有变迁者。

第一篇：5, 41, 42, 51, 61, 84, 118, 134, 147, 151, 161, 164, 165, 185, 196, 212, 243, 244, 246, 251, 262, 265（共计 22 条）

第二篇：293, 301, 318, 323, 365（共计 5 条）

第三篇：416（共计 1 条）

第四篇：422, 475, 611, 612（共计 4 条）

第五篇：902（共计 1 条）

2. 补充原文之说明者。

第一篇：11, 23, 44, 68, 70, 76, 78, 86, 88, 95, 97, 99, 101, 111, 129, 133, 137, 138, 142, 152, 153, 158, 171, 172, 177, 178, 187, 190, 194, 197, 249, 267, 270, 273（共计 34 条）

第二篇：298, 308, 309, 317, 322, 327, 336, 341, 349, 354, 360, 374（共计 12 条）

第三篇：379, 382, 385, 405, 416（共计 5 条）

第四篇：426, 453, 455, 466, 472, 477, 479, 490, 497, 498, 502, 514, 515, 525, 538, 545, 557, 559, 583, 620, 626, 628, 633, 634, 666（共计 25 条）

第五篇：689, 707, 743, 755, 762, 772, 781, 802, 831, 836, 842, 849, 874, 877, 889, 901, 915, 928, 955（共计 19 条）

3. 评论原文说法者。

第一篇：14, 24, 26, 34, 37, 49, 51, 62, 69, 80, 86, 96, 99, 100, 109, 134, 149, 164, 171, 173, 174, 189, 195, 196, 202, 214, 215, 232, 240, 253, 261, 264, 267（共计 33 条）

第二篇：278, 279, 284, 320, 330, 332, 334, 336, 339, 345, 346, 357, 358, 359, 362, 365, 367（共计 17 条）

第三篇：378, 414（共计 2 条）

第四篇：419, 439, 456, 460, 468, 493, 494, 503, 505, 507, 528, 531, 537, 553, 577, 585, 596, 601, 602, 635, 637, 660, 669, 675（共计 24 条）

第五篇：649, 700, 701, 702, 704, 724, 758, 777, 790, 832, 833, 844, 893（共计 13 条）

4. 以中国式说法与原文相比较者。

第一篇：20, 21, 53, 55, 57, 91, 144（共计 7 条）

第三篇：392, 397, 398（共计 3 条）

第四篇：624（共计 1 条）

第五篇：693, 712, 827, 830, 853（共计 5 条）

5. 以中国经济与欧洲相比拟者。

第一篇：33, 90（共计 2 条）

第二篇：328, 372（共计 2 条）

第三篇：388（共计 1 条）

第四篇：428, 478（共计 2 条）

第五篇：955（共计 1 条）

6. 借洋之例以喻中国之失者。

第一篇：19, 64, 75, 79, 104, 124, 126, 144, 150, 153, 206, 248,

256, 269(共计 14 条)

第二篇：364（共计 1 条）

第四篇：437，477，509，554，642，657（共计 6 条）

第五篇：720，723，751，785，788，793，795，797，839，858，864，924，930，937，943，959，962（共计 17 条）

7. 译自 Thorold Rogers 教授之注语者（《国富论》第 3 版）。

第一篇：167，219，255，257（共计 4 条）

第二篇：333，374（共计 2 条）

第四篇：512，652（共计 2 条）

第五篇：739，740，741，754，755，765，766，769，816，823，838，841，846，858，866，869，871，876，886，898，912，926，964（共计 23 条）

795 的注释，大论军队之培训方式。另有些案语，是他自己下的定义，如页 30："物与物相易为值，与泉币相易为价，后仿此。"他的目的是在说明译文内的"值"，是代表"物与物相易"；而与货币相易者，在译文内称之为"价"。这仅仅是译者的定义，无对错之分，只是在作名词的解说。以案语的长短来看，短者不足一行，或仅一句（页 33、42、51）；而长者可达 4 页（例如页 111—114），比译文本身长多了，"不自觉其言之长，而辞之激也"。

有些案语可以独立成为一项经济命题，值得再深入讨论。如页 339—340 的案语中，他说中国"道家以俭为宝，……乃今日时务之士，反恶其说而讥排之，吾不知其所据之何理也"。这牵涉到"节俭的矛盾"的问题：勤俭为中国传统美德，但凯恩斯指出节俭有可能会导致"有效需求不足"，使得经济增长因为过度节俭而受限制，造成节俭的矛盾。中国历代也有人提倡侈靡论，如《管子·侈靡篇》有云："问曰：兴时化若何？莫善于侈靡。"与严复同时代的谭嗣同，批判传统的勤俭论，提出"尚奢"、"黜俭"的说法（详见侯厚吉、吴其敬，1983：488—493），类似凯恩斯鼓励多消费、提高"有效需求"、促进经济增长。像这类在案语中提出经济命题来辩论的例子，都可以让我们进一步追索，看看当时中国的经济应是以"提高储蓄"还是"提高有效需求"为适。

综观这 310 条案语，除了表 3.3 的 7 项分类外，在案语的内容中也可找到：（1）对斯密的批评，如"词理钝弱，不足以推倒原说"（页 675），"词理殊未惬，读者存焉可也"（页 701）。（2）谈论不相干的政权与宗教问题（页 827—829）。（3）个人的读后感："余读是篇原文，不觉为之潸然出涕也。曰：呜呼，何其言之陈痛也。"（页 930）这类的例子无法系统地分类列举，我们只能说，他的案语中有许多是夹杂式的，是随感的、无系统的，或是个人感怀的。

3.3.2 案语分析

表3.4 是从严复的案语中，找出较有经济意义的部分，分四大项举例说明，以与斯密原文的旨意相对照，并列出相关文献的页数以供查考。此表依现代经济学的大分类，举例说明严复案语的性质，在此不拟重复细述。综观之，他的案语模式基本上脱离不了：（1）简单的供给需求理论；（2）常识的说明与推理；（3）借题发挥，托译言志。因为经济学不是他主要的关怀，他也没有这方面系统的知识，所以严格地说，并无所谓体系性的"严复经济思想"，最多只能说是严复的经济"见解"（详见第 5 章）。他的 310 条案语，综言之，是他"即兴式"的意见，如果用现代经济学的眼光来看，当然可议之处很多，但不必这么做：一没必要，二不公平。

他在案语中最"其言之长，而辞之激也"的，是关于中国经济政策（表3.4项三）中的政府干预部分，以及中国的国债（对外举债）问题（国际收支逆差过大）。表3.3第五篇中（公共财政部分），有17条是讽谈中国经济之失策，其中以国债部分最令严复"辞激而长"。这些案语中，有些是很"策论式"的论说方式，未必是有理论根据或实际体验。例如他主张自由贸易和自由竞争，若他的论点成立，以当时中国产业的竞争力，如何抵挡得住西洋价廉物美的工业产品？《原富》对中国知识界有其思想启蒙的作用，但对实际经济政策则未必有影响力，这是第6章的主题。

表 3.4 严复对《国富论》的了解方式（举例）

（一）个体经济学部分

斯密原意	严复案语的含义	说　明
（括弧内为周宪文、张汉裕译本页数）	（括弧内为商务印书馆"人人文库"版页数）	
物品的价值，虽不能以投入生产该物的劳动量为唯一的标准，但仍大致可为价格的一般标准。（31，36）	价格是由供需双方所决定的，而非因投入的劳动量多少而异。例如向阳的果实甜美价高，市中心的土地贵。（26）	严复时代已脱离古典学派的"劳动价值论"，而已有新古典学派供需决定价格的知识。
工资是劳动力的报酬，利润是资本的报酬。（50）	利润包含工资在内，而利息不包含工资在内。（49）	这是严复自己的说法，在澄清利润与利息的差别，原书中并未提此点。
英国的史实说明，工资的高低不受粮食价格波动的影响，而是多半受劳动市场供需的情况而定。（75—76）	批评中国人认为国内工资之所以低廉，是因为粮食价格低落所致，严复认为真正的原因是供需失衡。（79）	英国当时已渐工业化，劳动力已不再是供给无限，所以一般工资高于生存所必需，故不受基本粮食价格变动的直接影响。而中国的劳动力过多，劳动需求不足，是故一般工资率低落，与粮食物价较有直接关系。

斯密原意	严复案语的含义	说　明
英国自亨利八世以来，工资率逐渐上升，利润率则下降。(91)	工资率和利润率实际上可同时上升，利润率的下跌，主要是因产业竞争的结果，而与租税、资本额无直接密切关系。(99)	斯密尚未谈到自由竞争的优点，这是严复抢先强调自由竞争可减少产业的独占性利润。但他也说明工资率与利润率之间，并无必然的对应关系。
英国亨利八世禁止利息年利超过10%，之后历年又有升降，斯密认为这些利率水准，尚称公允。(90)	严复批评斯密不反对以法令限制最高利率水准，主张由市场供需决定利率，并说明日后这些法令已因不合市场机能而废除。(100)	斯密的说法，自有其时代背景，严复的评论是"后见之明"。
地租是售价减去成本和利润的部分，地租并非价格的一部分，而是"土地的利润"。(150—151)	说明古典学派中如李嘉图等不同意斯密的看法后，严复同意斯密的说法，认为物价的高低与地租无关。(171)	古典经济学派不把地租当做成本的一部分，尤以李嘉图(1772–1823)为代表人物。他认为土地是"大自然的免费赠物"，所以不应把地租算入成本中。他的想法是"地租是由价格所决定的"，并非"地租的高低决定价格的高低"。而且，地租的来源，是因土地之间的边际生产力不同而产生。这种"差额地租"论，在新古典学派(20世经初)时，已不流行，地租现已被视为生产成本中的一部分。

（二）总体经济学部分   续表 3.4

斯密原意	严复案语的含义	说　明
（括弧内为周宪文、张汉裕译本页数）	（括弧内为商务印书馆"人人文库"版页数）	
物价上涨，尤其是农产品价格的提高，可使农民获更多的生活物资，以及改善土地生产力，提高供给量，所以应视为可喜之事。（233—234）	西洋价高税重，中国价低税轻，此乃"中国所以贫弱之由"，而价高税重乃"为民生乐业之据"，而中国却"欲税重而不堪，欲物贵而不能"。（248）	物价高低与税之轻重，和国家之强弱，似无直接必然之关系。这是严复"即兴式"、"感叹式"案语之一例。
斯密认为只要限制 (1) 银行发行小额纸币，(2) 银行纸币必须能兑换金银。（324）	严复抨击中国币制系统的缺失，以及官方薪资之调整无一定标准，建议学西列出物价变动指数。（328—329）	严复向读者介绍如何制作长期物价变动表，用以为支付官员薪资及田赋收纳之标准。
西班牙人在南美开采金银，增加国家的财富。（535—531）	担心国际银价下跌，金银的兑换比率在中国差异日大，"此中国最可虑之一事也，不幸吾国知计者鲜，莫能为之预图，则亦听其自至而已"。（554—555）	此案语虽与原文无涉，但他已注意到中国受国际银价下跌后的影响，会使国际收支逆差更大，且国内物价会因而助涨。
法国重农学派经济学者建议，国家的税收完全来自向地租所课的赋税，随地租之高低（土地的生产力），征收不同的税率，这是最公平的赋税。（754—755）	"法国学者之论，即中国一条鞭法也"。（853）	明嘉靖至万历年间（1552—1620）所试行的一条鞭法，基本上是将一州县的丁赋力役与土贡方物价值，并入田赋，将丁赋消减，加量田赋。但执行方法与精神，与法国学者之议完全不相同。严复的比附不当。

（三）经济政策部分　　　　　　　　　　　　　　　　　　续表3.4

斯密原意	严复案语的含义	说　　明
（括弧内为周宪文、张汉裕译本页数）	（括弧内为商务印书馆"人人文库"版页数）	
乡村之农产品及原料卖给都市，而都市以制成品卖给乡村，在长期的不平等"贸易条件"下（即剪刀价格），乡村在支持城市的发展而本身逐渐受害。（127）	中国犹如乡村，输出半成品和原料给先进国，而自列强输入工业产品，导致中国日渐贫困。（144）	这是20世纪70年代"依赖理论"的清末版。
自由经济政策：斯密主张"废除一切独占，也应废除一切限制，统治者可因而增加国内的财富，也可使自己的收入增加"。（598）	（1）"名曰辅之，适以锢之；名曰抚之，适以苦之。生于其政，害于其事。此五洲国史，可偏征以知其然者也。是故后之政家，众谓民之生计，只宜听民自谋，上惟无扰，为神已多。"（346—347） （2）"盖工商民业之中，国家去一禁制，市廛增一鼓舞之神。虽有不便，特见于一偏一隅，而民气之所发舒，新业之所导启，为利至众。偿之不止于有余，且转移至速。"（597） （3）"求其如是者，莫若使贸易自由。自由贸易非他，尽其国地利民力二者出货之能；恣贾商之公平为竞，以使物产极于至廉而已。凡日用资生怡情潴智之物，民之得之，其易皆若水火。……意有所偏私，立之禁制，如辜较沮抑之为，使民举手触禁，移足犯科者，皆使物产腾贵而反乎前效者也。"（636）	严复除了介绍《国富论》中如何增加国家财富之法外，并提倡经济自由，是因当时中国的"官办"企业或"官督商办"成效不佳，故借题发挥。但他的"自由经济学说"并无完整体系，而散见于诸案语中，今依《原富》的页数先后，辑录于左，以供比照。严复提倡自由贸易与自由竞争，但以当时中国产业的状况，如何抵挡得住列强价廉物美的工业产品倾入中国市场？所以梁启超说："斯密之言，治当时欧洲之良药，而非今日中国之良药也。"

(四)感叹式案语部分

斯密原意	严复案语的含义	说　明
(括弧内为周宪文、张汉裕译本页数)	(括弧内为商务印书馆"人人文库"版页数)	
对国防所需的制造业给予奖励金，并非不合理。(496—497)	"天津江南之制造局、福州之船厂，……雇为之者一，而败之者十。……遂使事设三十余年，无一实效之可指"(509)	有感于中国现状，而"每见斯密之言，于时事有关合者，或于己意有所牴触，辄为案论，丁宁反复，不自觉其言之长，而辞之激也"见"译事例言"，页7。
对重商主义政策评论，认为该政策的愚法是"鼓励原料的输入，但不鼓励职业工具的输入。"(603)	激论中国士大夫之无能："独中国之通商不然，其于货也常出生而进熟，故其商务尤为各国之所喜。中国士大夫高谈治平之略，数千百年来，本未尝研究商务，一旦兵败国辱，外人定条约，箝纸尾，督其署诺，则谨诺之而已。不但不能驳，即驳之，亦不知所以驳也。"(642)"以中国旧理，例西国时事，无怪其为外人齿冷也。"(751)	激愤之辞长达两页。
司法权不但要和行政权分开，同时也要从行正权独立。(666)	中国与西方来往后，外人入土中国而不守吾法，"乃今吾一国之内，有数十之律令淆行其中，如此而不终至于乱者，未之有也。"(721)	借西洋司法体系的独立性，叹中国司法权之混淆与受制于列强。
若国家有难，共和政体破坏，政治落入贵族、军人之手，则商人撤其资本设备，迁往他国。(823)	叹"支那愚儒大官"，"深恶民权之说"，"毁民权者，天下之至愚也。"(930—931)	感叹中国官僚体系昧于世界潮流，系借题发挥之论。

4

严复对《国富论》的理解

严复在翻译《原富》时所写的 310 条案语，提供许多有意义的信息。分析这些案语可以帮助我们了解：（1）严复对《国富论》内的一般论点是否理解正确？在案语内他偶尔也提及或评论其他西洋经济学说，他对这些学说的理解应如何评价？（2）他对《国富论》有哪些批评？（3）他对斯密的学说有哪些赞许？这三个问题是本章前三节所要分析的内容。第4.4 节举例说明，如果从现代经济学的眼光来看，为什么严复对《国富论》的理解有严重的缺失。

要回答这些问题，需要较多西洋经济（思想）史的知识背景，在题材和内容上都较有技术性。严复案语中这类的例子相当庞杂，深浅繁简不一，在此只能作选样性的解说。从这些例子可以看到严复的某些解说甚有主见，有些则失去了原焦点。此处所分析的，都是原理性的理解问题，不是在检讨严复的翻译是否精确，本章的选例应该足够显示这个题材的概貌与论点。在页码标示方面，Smith：123 表示斯密《国富论》1976 年版的第 123 页；周宪文：234 和张汉裕：567 表示周宪文和张汉裕1964 年译本的页码；严复：871 表示严复译本第 871 页（台湾商务印书馆"人人文库"版）。

4.1 对一般论点的理解

4.1.1 经价、时价、平价、均输、平准、常平

严复：54—55 的主题是"论经价、时价之不同"（Smith：72），此句的现代译法是："论商品的自然价格（natural price）及市场价格（market price）。"（周宪文：56）斯密的主旨是在区分"自然"与"市场"两种价格的意义与内容，此段原文的大意是："任何社会或其附近，劳动及资本的用途虽属形形色色，至其工资及利润，则有普通率或平均率存在。……同样的，任何社会或其附近，都有地租的普通率或平均率存在；……上述普通率或平均率，可称为一对一地普通通行的工资、利润及地租的自然率（natural rate）。某一商品的价格，如按照自然率，足付土地地租、劳动工资及出产、精制并运至市场所需之资本利润，既无有余，亦无不足，则此商品可说是能按照所谓自然价格（natural price）出卖。"（周宪文：56）这段话清晰地定义了何谓自然价格，市场价格这个名词不需定义，因为大家都明白它简单明确的意思：某项物品（米）在某个时间（1997 年 6 月 12 日）在某个地点（新竹）的价格，即是"某商品普通所卖的现实价格（actual price），称为市场价格（market price）。市场价格有超过自然价格的，有不及自然价格的，也有与自然价格一致的"（周宪文：57）。

理解斯密清楚明白的界定之后，再来看严复：54—55 的译

文 "……是故一时一地，庸租息常率者，生于理势之自然，非人意所能轻重者也。设有货物，其名价也，计本量委，以与是三者之常率相准，如是之价，谓之经价，亦曰平价"。他的意思是：（1）庸（工资）、租（地租）、息（利息）常率者［在一时一地有常率（一般的行情）］，这不是可由个人随意左右的；（2）某件物品的标价，如果和三者（庸、租、息）之常率相准（也是当时的行情），那么这件物品的标价就是经价，也就是平价。这样的译法，若未有先前的背景解说就直接读他的译文，尤其是从未接触西学的人，想必疑惑：为何要界定这个经价？既曰经价，又何必曰平价？他在页 55 的案语说："古之均输、平准、常平诸法，所欲求而一之者，皆此所谓平价者也。"换言之，平价是政府干预市价的基准。①

从这个例子可以看出，严复在译述这个现在看来简单的概念时，碰到了名词和概念的双重困扰。他的译文现在看来大体正确，但他担心读者不懂，所以附加了解说"经价又曰平价"，然后以中国平准、均输的概念来辅助说明，从此例也可以见到他的苦心与困扰。

4.1.2 牧场与耕地的地租

周宪文：154 译"牧草（场）的地租及利润，反比谷物的地租及利润来得大，来得高"。严复：177 的案语是"刍场之租，往往较之稻（应是麦）田而重者，其故有二：户口蕃稠，肉食者众，而牛羊大贵，利厚一也。产刍劳费，远减五谷，母轻二也"。

我对这两项解释有不同看法。牛羊价高利厚，这是事实，

---

① 感谢黄克武对这项观念的指正。

但也有其他原因：英国羊毛织品在国际贸易上的优势与高利润，农民自然养羊而放弃种麦（国外谷物价廉，养羊赚外汇买麦即可）；养羊对牧地的需求，高于种麦对田地的需求，牧地租金自然高过耕地租金。这项国际贸易优势上的因素，比严复所说的因素［国内对牛羊肉需求增加（肉食者众，而牛羊大贵，利厚一也）］，要来得重要。同时，种牧草养羊的成本较种麦低（产刍劳费，远减五谷），这也是事实，但成本低与地租高如何相干？或许他的意思是说：成本低，利润就高，所以地租贵。我认为在 17—18 世纪之间，英国羊毛业正值发达，牧业的利润高，原本在山区粗放的牛羊业，开始占用种麦的耕地（圈地运动的特征之一就是"羊吃人"——原本种麦的地被转移去养羊），所以"刍场之租，往往较之稻（麦）田而重者"是必然之事。严复的案语解说未能抓住要点，所举的两项原因不够深入，忽略了更结构性的国际因素。

4.1.3 金银价值的决定原理

周宪文：242—243 译"但是，在某特定时期，可向商业世界供给贵金属的矿山，其为丰富或贫乏，可能是与这一国家的勤劳情形，毫无关系。……在今后的一个世纪或两个世纪，也许可以发现空前丰富的新矿山；……其名目价值，即此种年生产物借以表现或代表的金银数量，一定大有变化；但是，这些生产物的实质价值，即其所能购买或所能支配的劳力实质量，却正确相同。即在前一情形之下，一先令可能并不代表较现在一便士所代表者为更多的劳力；又在后一情形之下，一便士可能代表与现在一先令相同的劳力"。

斯密写这段话的背景，是因为欧洲在 15—18 世纪之间，从美洲进口的金银数量很多，造成了物价高涨。长期看来，虽然这些金银有助于贸易繁荣，但金银并不可因而视为等同于财富，所以斯密在此提出金银的名目价值说：更多的金银并不代表更多的实际购买力，这也正是古典经济学派所说的"货币幻觉"或"金钱只是一层面纱"。

严复在三处案语（页202—203，215—216，254—255）中，都在呼应斯密的"金块不等于财富说"。他的第一项说法是："国虽多金，不必为富，此理至明。……盖易中为物，犹博进之筹，筹少者代多，筹多者代少，在乎所名，而非筹之实贵实贱也。国家食货不增，而徒务金银珠玉之为积，此何异博者见今日一筹所值者多，他日更博，则多具此筹以为富。……不达此理，故言通商则徒争进出之相抵，得银则为有余，得货则若不足。……此惑不解而云理财，无异不知经首之会，而从旁论割廱。其不杀人者，寡矣！"（页202—203）他以赌博用的筹码为例，说明这只是计算用的工具，本身并不代表财富。这种说法对金银已相当充裕的欧洲诸国相当合适，犹如对食物富裕的国家人民说：摄取更多的食物，并不代表身体会健康！但对饥荒状态下的人来说，问题不在于过多而在于过少。如果欧洲诸国在16—18世纪之间，愿把"多余"的金银送给有"银荒症"的中国，虽然中国的实际财富不会因此而增加，但也绝不会推却这些金银。

关于此点，严复有很好的解说："金银本值贵贱之理，与百货之所以贵贱本同。视供求之相剂，不以多少论也。夫新出之柏拉丁难（化学作铂，俗呼白金），可谓少矣，而价廉于黄金。化学金类原行四十余种，半皆取之甚难，见者甚少，而其价不高，可以见矣。大抵本国无矿，而金银自外来者，其贵贱定于所与易之货值。然则，仍视夫供求之例也。"（页215—

216）也就是说，斯密的"货币幻觉说"，在需求已满足而供应犹不止的状态下是成立的；相对地，在金银相对缺乏的中国，金银的价值应该还没到"幻觉"的程度，如果把欧洲多余的金银送给中国，必有助于工商业的流通与繁荣，犹如体弱贫血者得到丰富的血源，会有助于改善健康。

可是为什么严复会呼应斯密的说法，而且还认为这种见解也适用于中国呢？严复说："斯密氏之论金银也，可谓独标先觉者矣。先是欧人觇国贫富，必以金银之多寡为衡，自斯密论出，群迷始寤。"（页256—257）我的看法是：（1）斯密不是第一位提出货币幻觉的人，在他之前的 Thomas Mun 和 David Hume 等人早就说过了，这一点在经济思想史的教科书内可轻易查证。（2）何以欧洲人早期视金银等同于财富？那是因为早期欧洲金银不足，需求大于供给所致（犹如中国），到了斯密的时代，因为供需关系已颠倒，所以自然会有此说，不必待斯密之论出，"群迷"早就破解了。

严复既呼应斯密的说法，但却又另有一种矛盾性的见解："比者中国银值之微，较之三十年之前，几于三而失一矣。凡吾民所前奋三倍之力而为之积累者，乃今仅有二焉。银之所积，损之所在矣。合吾国二十余行省而筹之，则坐银跌而国财受削者，岂其微哉！岂其微哉！"（页257）这段感叹的背景是，欧美诸国在 19 世纪 70 年代开始，弃金银复本位制改采黄金单本位制，国际银价一因白银生产过剩，二因白银不再是国际的本位货币而价格大跌，中国、印度、日本等采用银本位的国家，因而大受损失（以银向外的购买力大跌）。所以严复才有中国银值"较之三十年之前，几于三而失一矣"之叹！

如果严复这么感叹白银的价值在国际间下跌惨烈（"岂其微哉！"），那又怎么去理解他前述的案语"欧人觇国贫富，必以金银之多寡为衡，自斯密论出，群迷始痦"？也就是说，严复一方面同意斯密所说的（金银不等于国富），而另一方面却又感叹国际银价下跌对中国所造成的伤害。金银的价值当然是受供需关系的影响，但货币是否如斯密所说的是一种"幻觉"，或是如严复所说的只是一种筹码，那要看这个国家所处的经济情况（温饱、饥馑、富贫）而定。

4.1.4 生产性的劳动与非生产性的劳动

周宪文：325 译 "劳动有两种，有一种是使其所加（工）的对象增加价值的劳动，另有一种则无此结果的劳动。前者因为产生价值，可称为生产的劳动（productive labour），后者则可称不生产的劳动（unproductive labour）"。斯密举例说："有些是极庄重、极重要的职业，有些是极微贱的职业；前者例如牧师、法律家、医生、各种文人，后者例如优伶、丑角、唱歌的、歌剧唱者（opera-singers）、歌剧舞者（opera-dancers）等。这些中间，即使是最卑贱的劳动，也有一定的价值；这种价值，也受与规律其他一切劳动之同样的原遵守相同规律；又在这些中间，即使是最高尚、最有用的劳动，也丝毫并不生产日后可以购买或获得同量劳动的物品。他们的工作，像演奏者的朗诵、演说家的雄辩、音乐家的曲调一样，他们所有的工作，在其生产的瞬间即告消灭。"（周宪文：326）斯密的意思很清楚："能使其所加（工）的对象增加价值的"称为生产性的劳动；若无，则为非生产性的。演奏家辛勤苦练之后弹奏的乐曲，并无法使其所加工的对象（曲谱本身）增加价值，在概念上是属于"非生产性的劳动"。但这并不等于是"没有用"、"没价值"的劳动，因为会有听众愿意付钱欣赏，所以音乐表演也是一种产业。因此，概念上要认清"非生产性的劳动"并不等于"没有用、没有价值的劳动"。

此理甚明，而严复：330 的案语说："斯密此言，大为后贤所聚讼。徒尚有形之利，而不数无形之利；知民力之生财，而不察民德民智之有关于生财尤巨，于义似为未安。然其言盖有为而发：二百年以往，欧洲竭国财耗民力者，大害在武人、教师，处贵位尊势，食禄至优，而于群无补。苟谅其心，孰谓其言无当耶。不然，斯密岂不知国治而后可富，理明而后功审也哉。"严复的要点有二：第一，斯密"不数无形之利"（即鄙视"非生产性的劳动"），于义似为未安。但从上述的引文看来，斯密毫无"不数无形之利"的意思；相反地，他明白地说"优伶、丑角……即使是最卑贱的劳动，也有一定的价值；这种价值，也受与规律其他一切劳动之同样的原理所规律"（详见 Smith：331 的各项脚注补充说明）。第二，他要替斯密的"不当言论"辩解："苟谅其心，孰谓其言无当耶？"他的论点是：过去两百年来，欧洲之所以会竭国财、耗民力者，大害在于武人、教师……食禄至优，而于群无补。但这是不必要的辩解，因为斯密已明白地说："即使是最卑贱的劳动，也有一定的价值。"斯密绝无视这些武人、教师"于群无补"的意思。

4.1.5 利息的高低与美洲金银矿的发现

周宪文：348—349 译"利息的降低，是因西印度的发现；这一观念，已经休谟辩驳。洛克、Law、孟德斯鸠及其他许多著者，似都想象，欧洲大部分地区利率的降低，它的真正原因，是西班牙属地西印度群岛发现的结果，由于金银量增加的关系。他们说：因为这些金属本身的价值减少，故其特定量的使用价值，自然减少；结果，对于这些金属的使用所应支付的价格，也就减少。这一见解，最初似乎很对，但是休谟已经予以充分批判，我想也许再无多加说明的必要"。

斯密并未解说休谟（Hume）的意见，使得大多数读者甚感困惑：银根松（货币供给量多），利息自然降低；反之亦然。美洲金银涌入欧洲，一方面使得物价高涨，另一方面也因金银数量增多而使得利息降低，其理至明，休谟有何特别见解？严复：354 的案语充分表现这项疑惑："息亦以金银为之，此眼前理，不审洛克诸人何以误也，宜其蒙后人排击也。"这种见解是典型的货币数量说：货币供给量与物价呈正比，与利率成反比。Smith：353—354 的批注者，费心地把洛克、John Law、孟德斯鸠、休谟等人的见解列在脚注上，在此只需译出其中休谟的特别见解，就可以知道为什么斯密比较同意非货币数量说。

在《论利息》内，休谟说："自从发现西印度之后，物价已上涨四倍左右，金银数量的增加倍数恐怕不止于此，但利率却未跌落一半以上。所以，利率并非从贵重金属的数量直接引申出来的。……高利率的原因有三：借贷的需求提高、可贷资金不足、商业利润高。①这三项因素足以清晰说明工商业的进展为何有限，此事与金银数量之多寡无涉。"（Smith：353—354）我认为这是一段有说服力的论点，不仅能从供需双方来看，同时也点出了经济结构上的特点。希望这段话能回答严复的困扰："不审洛克诸人何以误也。"

但洛克的论点需要"蒙后人排击"吗？我的见解是：纯学理上来说，洛克等人的数量说至今仍有其地位；休谟的供需决

---

① 这三项原因的原文是："A great demand for borrowing; little riches to supply that demand; and great profits arising from commerce."

定论也有道理，双方在经济思想史上都有拥护者，没有绝对的是非。重要的是要视时空环境而定：18 世纪强盛时期的英国和 20 世纪衰落中的英国；1929 年大萧条之下的美国和 20 世纪 60 年代黄金时代的美国，其利率之高低是否与货币供给量成正比？没有人敢立刻回答，幸好现代已有计量统计方法可以验证，但绝无先验性的必然因果逻辑。严复的案语虽然只是疑点，但也显示出他的数量说倾向，以及背后两大系统在见解上的差异，这不是他当时所能掌握、清晰解说的。

4.1.6 出口奖励金与谷价下跌

张汉裕：483 译"一般都说，自设立奖励金以来，谷类价格已显著地跌落。本人也已竭力证明：谷类平均价格于前世纪末叶开始跌落，并且在本世纪最初 64 年间继续跌落。这事如果真如我所相信的一样属实，这恐怕不是因为奖励金而发生，而不管有无奖励金必会发生。……所以，谷类平均价格如此逐渐跌落，大概不能归因于某种特殊的法规，而应归因于银之真实价值逐渐而缓慢地腾贵；……奖励金之有助谷价之跌落，似乎是很不可能的事"。

此段的论点有二：（1）出口奖励金与谷价下跌无涉，（2）谷价跌是因银价高（购买力强，同样单位的银子可以买到更多的谷物，等于谷价下跌）。严复的见解不同："斯密氏以十八稘英国谷贱为银贵之反验，后之计家皆疑其说。以谓当时银入欧市者，未尝加少，而各国皆渐用金，法银当尤贱，无缘更贵也。考谷价所以降贱之故，正由农学日讲，田事日辟耳。民知轮种杂粮如薯蓣蹲鸱之属，以苏地力；而辕田制废，又得播草新术，试考其时报纸告白所衔售各项子种，可以知之，又田功进矣。而天时佑相，历岁大穰，民力益裕。故当日欧西户口大蕃，其见诸英伦者。如南部当十七稘之终，户口仅五百万强，至十八稘中叶，乃倍前数弱千万焉。且其效不徒谷贱而已，田租亦大起，有地田主，人人素封矣。合之数者而观之，如谷贱、如租高、如庸进、如户口自倍，其民生大进如是，殆非仅仅银值增贵之所能为。而治本于农，非野业之修，莫能致也。"（页498—499）

他的第一项论点是：当时欧洲白银的存量未少，银价日贱，这和斯密的论点相反。此点可参见《国富论》第一篇第十一章几项附录所分析的"最近四世纪间银价变动"（周宪文：182—221；严复：207—238）。周宪文：221译"即本世纪欧洲市场的白银价值，已经开始上涨，……而实际上，银价迄今仍在上涨"。我另外查出1701—1790年间，欧洲金银比价的变动趋势如下：1701（15.07，即1701年时每单位黄金可换15.07单位的白银），1729（14.92），1732（15.09），1738（14.91），1746（15.13），1762（15.27），1790（15.04）。①照这个数字看来，金银比价的起伏不大，略有升降，但绝非严复所说的"各国皆用金，法银当尤贱"。而斯密所说的："谷价平均价格如此逐渐跌落，……而应归因于银之真实价值逐渐而缓慢地腾贵"，从上述金银比价变动的趋势上也看不出这一点（《国富论》，初版是1776年）。也就是说，严复和斯密两人对银价和谷价之间的关系，现在看来都没有说服力。

若单从币值这个角度来判断谷价的高低，这种单一因果说的信服力并不高。严复案语的下半段是个较开阔的观察，他认为下列几项因素可能相关：（1）农业技术进步，（2）新品种

---

① 资料出自张家骧（1925）：《中华币制史》第五篇页23，台北：鼎文书局影印。

的引入，（3）新的土地耕作制度，（4）风调雨顺，（5）人口大增，等等。严复能以较广阔的社会结构变化、农耕技术进步等角度来讨论，视野上要比斯密宽广，这是难得的好案语。至于奖励金是否有助于谷价下跌，我无法在斯密的否定说与他人的肯定说之间下判断。在此要指出的两点是：（1）严复对此点无评论；（2）斯密的论点，据 Smith：507 注 8 的考证，是"抄"自法国 Necker 的说法；Necker 认为法国的出口奖励金并未导致谷价下跌。

4.1.7 论废除独占利国利民

张汉裕：598 译"若把此等（印度）公司当作其所征服的国家之统治者来看，那就没有什么比这还具破坏性的布置，更直接违反公司的真正利益的。……所以，这样的统治者，应为自己的利益，开放一国生产物的最广泛的市场，准许最完全的自由贸易，俾尽可能地增加购买者的人数与竞争。所以，无论对于国内产品由国内一地运输另一地，或对于该产品的输出外国，或对该产品可以换取的任何货物的输入，不但应废除一切独占，也应废除一切限制。借此方法，统治者便最能增加该国内产物的数量与价值，从而，亦最能增加自己对该产物的分配额，即自己的收入"。

这是简明的独占百害说，严复的响应很强烈："此段乃《论语》'百姓足，君孰与不足'之真注解。宋以来此题经义，无如此之精辟详确者。"接下来的一段话，很能反映主张自由贸易论者的见解："罗杰斯曰：斯密氏之言，不徒见诸事实而已。以理推之，固千世如一日也。……求其如是者，莫若使贸易自由。自由贸易非他，尽其国地利民力二者出货之能，恣贾商之公平为竞，以使物产极于至廉而已。凡日用资生怡情浚智之物，民之得之，其易皆若水火。夫如是而其君不富，其治不隆者，殆无有也。故凡贸易相养之中，意有所偏私，立之禁制，如辜较沮抑之为，使民举手触禁，移足犯科者，皆使物产腾贵而反乎前效者也。"（页635—636）这段漂亮的说词，是经济自由论者可以大大引颂的名言。可惜手边无 Rogers 编注的《国富论》，难以辨清哪几句是严复自己的见解。

4.1.8 对重商主义的感想

译完第四篇第八章"结论商宗计学之旨"（"关于重商主义的结论"，张汉裕：619）之后，严复写了一段案语："斯密氏是篇所指斥者，不数十年，几于尽革。此非斯密氏之力不及此，然亦当日工商之家阅历之余，颇悟苛察纠纷之令，不徒于己无益，且贸易之事，因之郁而不舒，乃能幡然从之若此易耳。善学者于是篇之所述，可以得无穷计学之理。不独见百年以往，英为政之人与经商者之识解，习非胜是者之难破，而害于理财也。又以见人心既累于私，则无往而不与真利相左。……独奈何生当今日，读斯密氏之书，亲见英国尽革保商条令，而为自由通商之效矣。而挽近北美合众之民，犹有行重内之政策者，明知不善而故蹈之，是不可解也。岂若辈自私之意，中之深而不自克软，抑于理财计学之道，都无分晓也。"（页660）

他的意思是：（1）斯密之书出后不数十年，重商主义所主张的关税保护、独占等措施尽革，这必须归功于此书的影响；（2）英国商界也深深体会到，重商主义制度下的各种障碍必须革除，英国的经济才能有所作为；（3）这么重要的经

91

济学原理，吾人应珍而遵之；（4）现今北美仍行重商主义，这些人无视于英国的教训，"明知不善而故蹈之"，将因违反经济学原理而自毁。

　　这样的见解显示：（1）严复是个朴素的自由经济论者，认为经济自由主义是一项超越时空的真理：任何国家在任何发展阶段，行自由政策都必然优于保护独占政策。（2）他难道没见到，英国的自由贸易政策只撑了半个世纪不到，就又回复到原先的保护政策吗？这是 18 世纪的史实，严复如果知道此事的话，何以不点明此点？[①]（3）各国条件不一，犹如柔道、拳击选手的体重不一，主张各国无限制的自由贸易，犹如主张选手不依体重分级而采取自由对打。对当时的贸易优势国（如英国）而言，主张不分级比赛对他们的利益最大（可大小通吃）；但对弱小国（如德国、中国），若采门户开放自由贸易，国内的幼稚产业将全军覆没。如今英国贸易优势尽失，若斯密再世，亦将主张自由放任乎？严复不明此理，认为英国最强壮时期的政策，可以（也必须）施用于弱国身上，才能"超英赶美"，其实经济自由主义并不是古今中外皆适用的万灵丹。

---

　　① 学界对自由贸易的变迁史，已有相当丰富的文献，兹举两例。一是 Schonhardt-Bailey（1997）编辑的四册文集：卷一的主题是 1815—1837 年间的保护主义及其批评；卷二是对《谷物法》的批评（1838—1846）；卷三是自由贸易及其批评（1847—1907）；卷四是 1906 年之后对自由贸易的再评估。若以专著为例，则 Irwin（1996）是值得推介的综述性佳作，特点是从经济思想史的角度来分析：除了导论与结论外，内分两篇共 14 章，首篇（前六章）分析论述自由贸易学说的起源，次篇（后八章）阐释对自由贸易学说的各种争议。

4.2 对斯密的批评

4.2.1 地租说

严复在译完第一篇第九章"释赢"（"论资本利润"）后，写了将近 4 页的案语（页 111—114），这可能是最长的一则；此则内容纷杂，不仅仅限于利润、资本等题材。他先介绍马尔萨斯的人口论：人口的成长超过食物的成长，因为土地的生产力有其极限，"至于得不偿劳而止，此谓食之限也。……蕃息之例如此"。接着，他介绍李嘉图（David Ricardo, 1772—1823）的地租说："理嘉图曰：当蕃息之日趋于其限也，庸赢二率，亦以日薄，独地之租率，则以日增。租之所以增者，以腴地耕尽，渐及瘠土故也。国中之民数加多，而母财日益，虽赢率稍薄，富者亦愿斥而为之。前也，费千金而收百石；今也，费二千金而收百五十石。则后之千金，所取偿者不外五十石已耳。且此既以千金五十石而可为，则受田者以千金五十石为率。过此之获，贡以为租，以与前人为竞。如是则往者费千金而收百石，今乃倍费而收百五十石。而其中五十石，乃租税也。使彼不为，则他人为之。是通以千金收五十石也，而租率以之大进焉。凡国生齿愈繁，辟田愈下殖。量既差，名租遂异，故腴田之租日增也（田之殖量，视其壤之沃瘠一也；视其处所之转输便否二也；合之为田之殖量）。田租升降之例如此。生事之难易，民物之盛衰，大抵此二例之行而已。顾此之专以田为说者，盖食者生事之大，举大则例其余。……"（页 111—112）

严复所介绍的正是闻名的"级差地租说"：两块耕地之间

地租的差额，是因为两块土地的沃度不同，而得到不同产量之差额。若全国耕地可分十等级，通常会先耕最优者（第十等），随着人口增加粮食压力日重，只好逐次利用到第三、二、一等级的土地。越用到低等级的土地，高等级土地的租金（因产量的差额增大）就会被逼增。因为地租的差异视土地等级的差异而定，所以称之为级差地租。明白这项基本观念之后再来看严复的介绍，他所说的大抵正确。李嘉图之说出版于1817年，比《国富论》晚41年，严复介绍此说的用意，一方面在介绍不同的地租说，更重要的是借以显示他对斯密地租说的批评。

到了页167—168，也就是第一篇第十一章"释租"（"论土地地租"）时，严复在译文之前，接着上引页111—112的话说："罗杰斯曰：斯密氏此篇所论田租源流，其说颇为后贤所聚讼。计学家如安得生、威斯特、马格乐、理嘉图，皆言田租者，所以畴壤地沃瘠之差，故租之始起，以民生孳乳寖多，沃土上田，所出不足以赡民食。于是等而下之，迤耕瘠土下田。生齿弥繁，所耕弥下，最下者无租，最上者租最重。故租者，所以第田品之上下，而其事生于差数者也。其论如此，名理嘉图租例。其为书多准此例为推，亦多为计学家所采取。"（页167）

级差地租说在严复译此书时，确实已广为"计学家所采取"，取代了斯密的地租说。为了提供另一种见解，严复接着介绍法国计学家（如 Turgot）的反论："后人尝谓斯密虽计学开山，顾多漏义，浅者乃肆意排之。不知斯密精旨，往往为读者所忽。故匡订虽多，出蓝之美盖寡。夫租之为事，生于二因：户口蕃耗，一也；农事工拙，二也。当夫户口寥落，谷价甚廉，耕者之获仅及所费，则即居沃土，不能有租。此主于户口蕃耗者也。又使农业不精，田作卤莽，西成所得，仅酬其劳，则虽土沃谷贵，不能有租。此主于农事工拙者也。田土腴瘠，农事精粗，二者相为对待，而户口蕃息，缘此而生。惟田腴事精，而后户口始进。故理嘉图所谓户口日滋，耕及瘠田者，倒果为因，其说未必信也。英人即一所之田，考古今征租之异，而信斯密本篇之说为不虚。譬如都会近郊，一亩之田，古租率六便士，今日之租，则百二十倍矣！至所产谷价，古今之殊，不过九倍。此之为异，夫岂户口蕃耗为之耶？又岂必迤垦下田致尔耶？揆所由然，则农业日精故耳。故理氏之例，既非独辟，亦未精审。"（页167—168）

这是对级差地租说有力的反驳：农业技术的进步以及种种因素，都使得现实的地租，并未依差别地租所依据的原理在运作。所以到底应该听谁的理论？经济思想史学者皆知，李嘉图提出级差地租说的主要目的，并不在据以推测某处某块地的租金，应比另处另块地的租金高或低多少，他的目的是在提出一套国民所得分配说，略释如下。

18世纪的英国，从经济的角度来看，大致可分工业、农业、商业三个部门；从社会阶层的角度来看则大约可分成工人、地主、资本家三个阶级。李嘉图要分析的问题是：某国某年的国民所得，是以多少比例分配给这三个阶级？计算的理论基础何在？李嘉图想出一个好方法：依据工资铁律说，工人劳动所得在长期而言，几乎是等于生存水平；若今年每位工人的平均工资为十万，乘以总工人数，即可知此阶级今年可分得多少国民所得，这当然是简略的概算。接下来的问题较难解决：工人阶级拿走工资之后，剩下来的所得应由地主和资本家来分，但各自应得多少呢？他提出级差地租说的用意即在解决此问题。假设全国土地可分为十等级，且每等级的亩数皆知，接着，假如各等级土地的租金差额都是一万元的话，那么，以各等级的地租额乘以各等级土地的面积数，之后再加总起来，就可知道全国土地租金的总额，也就是全国地主的总收入了。至于资本家所分配到的数额就不必计算了，只要把全国总生产额扣除工人和地主的收入即是。

这种目的下设计出来的级差地租说，当然不能用来分析各地地租在历年间的变化，所以法国学者以伦敦地租的实例来驳斥此说也是对的。到此就可明白双方立场与目的之差别：李嘉图的目的是在提出国民所得分配的计算法，是总体（宏观）的地租说；斯密是以供需和沃瘠的个体（微观）角度，来分析地租变化与差异的原因。严复不明白此处学理上的差异，直接列出两种学说的对立论点，无经济思想史背景的读者必然无所适从。

我想严复对双方之说也无自己的定论，所以到了页194—195时又再对比此两说，但却未能下结论："斯密氏谓草昧之时，林木于民无利，且与田业相妨，此语殆无以易。惟其如此，故理嘉图创为租例。谓农业初兴时，其民所耕，皆择最腴上壤。逮生齿日繁，上壤所登，不足以周民食，乃降而耕其次。生目愈繁，所迤垦者，亦日愈下。及其名租也，是最下者无租。其余诸田名租，即其田所收，与此最下者之较数，此为凡租大例云云。方此例初出，计学家论租理者，翕然宗之，以为不可摇撼，号理氏租例。独美国格理着论驳之云：理嘉图谓初农所耕，必其上壤，此物理之所必无者也。盖其壤既肥，则当莱污未辟之秋，必早为灌木丛林之野。初民之群，散而不合，乌能辟其地而播种之乎？故初农所耕，大抵皆下中之壤，治进群合，而后洊耕上田，此与理嘉图所言正相反耳。顾理氏之例，终有其不可废者。此学者所当反复研寻者。"（页194—195）

这项困扰，到了译完第一篇第十一章"释租"时再度显现。严复对这一章的评语是："又按：《释租》为全书最繁重之篇。其中虽不乏精湛之言，而于田租源委性情，顾均未尽。……斯密氏之言租也，不特不见其所谓道通为一者，且多随事立例，数段之后，或前后违反而不复知。……于一业则云，租者物价之一分，租长则价加，租因而价果也。于他业又谓，租之能进，由价之昂，租果而价因也。即其区物产之有租无租，其说亦非至碻。无他，理未见极，则无以郭众说以归于一宗。即有奥旨名言，间见错出，而单词碎义，固未足以融会贯通也。后此言计之家，思所以补阙拾遗，为之标二义焉，而求其极。其一曰：知物，所以究租之为物，所与他利不同者为何？其一曰：求故，所以讨租之厚薄升降，起于何因？"（页270—271）

严复在 19 世纪末接触到较晚近的地租说，有此知识后读译《国富论》，自然会觉得斯密的地租说"理未见极"，"单词碎义，固未足以融会贯通也"。那么应该如何补充，才好让中国读者不因此而限于斯密的旧时劣说呢？他想了一个办法："……今以其例之所关宏巨，乃取穆勒雅各释租之说，译附是篇，以俟学者之揽择。并以觇学问之事，讲而益密，彼前贤常畏后生也。"（页 271）他的意思是说，James Mill 和 John Stuart Mill 父子两人甚得李嘉图地租说之精要，为了让中文读者更容易理解其他经济学者对李嘉图地租说的进一步解说，所以他就译介 James Mill（1773—1836）所著的 *Elements of Political Economy*（1821）第二章第一节"地租"（Rent），供读者对比。

这段译文共 5 页（《原富》，页 272—276），而 Mill 的原文有 11 页（页 29—39）。我大致对比过，严复的做法是节译兼改写，其中只有一句不重要的案语："案此篇所畴田品，当兼腴瘠便左而言，其义始备。"（页 273）综上所述，我想严复一方面认为李嘉图之说较完备，但又见法国学者所驳有理，在此困惑之下，就先译斯密原文，然后再译 Mill 之文来对比，但他终究未能提出自己的见解与结论，中文读者恐怕也被他的漂移弄得迷糊不解。

4.2.2 不坚守供需律

严复：133—134 的主题是伦敦房租问题。周宪文：120 的译文是："伦敦房租的昂贵，不仅由于使所有大首都内房租昂贵的那些原因：诸如劳动工资的高昂、非由远地运来不可的建筑材料的高昂以及都市地租的高昂，……但在伦敦，部分还由于一特殊的原因，那就是伦敦居民的风俗习惯：每家主人不得不上自阁楼下至地下室全部承租。……伦敦的商人，必须在其顾客所住的街市，租借整幢的房子。于是，他拿临街的一层（ground floor）作为店铺，自己与家族住在顶层，中间的一层分租给别人，以支付其一部分的房租。"

严复对此说的批评是："又都会租贵，自缘供少求多，而以得贵租。故虽有三者为梗，而人犹为之。斯密氏言此为租贵之由，则犯名学倒果为因之例，学者不可不察。"（页 134）我认为斯密之说有理，因为除了三项高成本的因素之外，还有一项是制度性的因素：若要租底楼，就要租全栋，租下之后如何分租其中部分，那是另一回事。虽然这也有供需的因素，但在成本和制度性的双重制约下，伦敦租价自然会比同一成本而无制度性限制的城市高。此理至明至显，斯密并未犯倒果为因的逻辑错误，而是严复的理解不足。

此外，严复也有另一种态度上的倾向，就是把经济学的供需说，视同为自然科学的定律，"格致之事，一公例既立，必无往而不融涣消释"（页195）；"科学所明者公例，公例必无时而不诚"（"译事例言"，页4）。人文社会的现象，会因时、因地、因条件而变化多端，若有人能提出一说，可解释跨时空现象的八成因果，即可算是大成功；严复要求经济学公例和科学（格致）一样，这是对两种学科基本性质的认知有误差所致：世上岂有颠扑不破的经济律则？

4.2.3　谷物为价值之标准

周宪文：193—194译"因此，考虑一切此类的事情以后，吾人确信如次：即在任何社会状况、在任何改良阶段，同量谷物，比较同量任何其他的土地粗生产物，更可正确代表同量的劳动，亦即更可表示其与某量劳动的价值相同。故如前述，不论在财富与进步的任何时代，谷物乃比任何其他物品或物品种类，都更适为价值的正确尺度。于是，不论任何时代，白银的真实价值，以与谷物比较，比与其他任何物品或物品种类比较，更能使我们获得较佳的判断"。

斯密的意思很简明：各国货币（金银）的价值时常变动，不适合用来当作长期的价值标准；谷物的价值较稳定，所以适合当作正确的价值尺度。背后所隐含的理论背景是：斯密是持劳动价值论的人，认为物品的价值主要决定于劳动的投入量；因为他认为生产谷物（每千公斤）所需的劳动量类似，所以谷物是衡量价值的较佳尺度。严复不同意此说，他的论点是：（1）各地沃度不一，每单位田地所需的劳动力也不相同；（2）农业技术日益精进，同样的土地和人力，今日收获量数倍于昔日；（3）农业上有小还例（law of diminishing return，报酬递减法则），一旦超过某个限度后，"再加功本，所收还者不能

（等）比例而增"；（4）另一项限制是大还限（point of maximum return，最大报酬点），一旦超过此点，就算再投入更多的资本与人力，"其所还则劣于所加之比例"；（5）这是各地农业耕作上的普遍限制，但斯密却认为"不问所居何世，人力等则所产均者，亦未协也"（页214，严复在页255的案语重复类似的看法）。

可是，斯密怎么会连这么简单的道理都不明白？此处的议题是：如果要找一种东西来当作"价值的正确尺度"，斯密认为谷物要比白银合适。严复的错觉在于：他认为田地的产值与效率不一，谷价自然也不一，如何能以之为价值的正确尺度？他认为斯密以谷物为价值尺度，意谓谷价在各地均一，长时期内价格稳定，而这是违反农业常识的事。

举中国历史上常见之事为例。一旦改朝换代或物价急剧变动时，民间的借贷、学费、资金互助流通，常以谷物为计价标准，因为一方面这是民生必需品，另一方面是生产成本在短期内（5—10年）不会迅速改变。或曰：中国人在逃难或平时，更愿以金银为储值品，所以金银应比谷物更适合当作价值的标准尺度。若从欧洲经济史的角度来看：美洲白银在16世纪后大量涌入欧洲，以金银表示的物价起伏剧烈，如何能以此为长期的价值标准？我们今日显然不会认为谷物比金银更能当作价值的标准，可是在20世纪50年代的中国，谷物还是标准的计价单位；今日许多发展中国家，尤其是在有饥荒的地区，谷物还是比金银的价值稳定。斯密的看法未必过时。

4.2.4　航海法

航海法的要点就是国货国运：从英国出口到国外的，以及从国外运入英国的，都必须由英船运输。航海法因而阻挡了外国船来买英国货的意愿，贸易自然会因而减少，但斯密认为：
"然而，国防究竟远比富裕为重要，所以，在英格兰所有通商
管制中，航海法也许是最贤明的。"（张汉裕：445）

一位提倡自由贸易者，竟然理直气壮地维护干预主义十足
的航海法，严复自然会有意见。他的论点是：（1）斯密自毁
自由贸易的立场；（2）当时公论航海法对英国有利，斯密
"殆耸于当时之议而谦让不发"；（3）此法于1854年废除，
"其后海船舶且日多，习海之民亦日众，未闻坐是以加少，而
英之海权以致微也。……吾不知所谓海运条例者，果何所用"
（页460）。我认为这是有力的批评：斯密的经济自由论还是有
条件的，若妨害英国的利益，就可以干预。

在同一段案语里，严复对航海法还有严厉的批评："往者
当斯密氏时，英国家常令锋厉军官，率数十百水勇，号压使
队，游行市中，强募人走海，或往印度，民于是始视海为畏
途。此其有损于英之海权，过于竟废海运条例远矣。彼坐堂皇
而议者，所见不逾庭陛间。遇一弊，不审其远因，施一救弊之
政，亦不思其远果，故其所得乃无往不反其所期。"严复因而
指责斯密："奈之何设淫辞而助之张目耶？"（页460）

4.3　对斯密的赞许

4.3.1　基本态度

严复在"译事例言"对斯密学说的看法，让人觉得他有一
种无条件支持真理的态度，甚至说斯密的见解与哥白尼的天体
说同样地"不可复摇者"："……今夫理之诚妄，不可以口舌

争也。其证存乎事实,哥白尼、奈端(牛顿)之言天运,其说所不可复摇者,以可坐致数千万年过去未来之躔度而无杪忽之差也。斯密计学之例所以无可致疑者,亦以与之冥同则利,与之舛驰则害故耳。"(页4)若严复今日从棺中复起,大概会删去这段话,而且也会同意说:每项经济学理都有其功能与限度,不可能和天体运行说一样当作超越时空的真理。

4.3.2 论退税

张汉裕:480—481译"退税制度原来大概是为了鼓励贩运贸易而设的,……关税的收入,不会因这种退税而受损,反而因得保留输入税的一部分,所以可以获益。如果全部赋税均被保留,缴税的外国商品,不能输出,结果,因缺少市场,自不能输入。所以本可以保留的那一部分赋税,便无法获得。上述理由似乎足以证明退税之正当,即令将本国产业生产物或外国货物之全部税额退还,这制度亦有正当的理由"。严复的案语(页494)赞此段说:"斯密氏此言,最窥财政深处,非高识远量之士,未易与此也。"斯密的这项论点,在当时是众所理解的事,不必"高识远量之士",只要一般财税界人士皆可理解,严复过誉了。

这句案语的目的,其实是在为之后的一大段案语开个头。全段案语的意义,在强调不干涉主义和自由放任政策对国家和人民都有利益:"英五十年来,于赋税之事,几于悉贷与民,仅留其荦荦数大者。而后来之人,倍蓰于前,盖财者民力之所出,欲其力所出之至多,必使廓然自由,悉绝束缚拘滞而后可。国家每一宽贷,民力即一恢张。而其致力之宜,则自与其所遭之外境相剂。如是之民,其出赋之力最裕,有非常识所可测度者。若主计者用其私智,于一业欲有所丰佐,于一业欲有所沮挠，其效常终于纠梦，不仅无益而已。盖法术未有不侵民力之自由者，民力之自由既侵，其收成自狭，收成狭，少取且以为虐，况多取乎。惜乎吾不能起荆公辈于九原，一与之深论斯事也。千古相臣，知财计为国之大命，而有意于理财养民者，荆公一人而已。其法虽病，然事难助寡使然，而其用意固为千古之大虑，不容后人轻易排击也。"（页494）这长段案语让我们看到严复自己对财政政策的理想与抱负，可以说是"托译言志"的典例。

4.3.3 反对黄金至上主义

张汉裕：520译"据说，我国的黄金几乎全部来自葡萄牙。至于与其他国家间的贸易差额，则或不利于我国或于我国利益不大。但，我们应当记住：我国从一国输入的金愈多，则从其他各国输入的金必定愈少。对于金的有效需要，如对其他一切商品的有效需要一样，在每一个国家，都有一定的限量。如果这限量的十分之九是由某一国家输入，则从其他一切国家输入的，只有其余的十分之一。而且，年年从某些国家输入的金量愈多于为器皿与铸币所需的数量，则需输出其他国家的金量亦愈多，近世政策的最无意义的目标、贸易差额，对某些国家愈是有利于我国，则对于其他许多国家必愈显得不利于我国"。

这是典型的反"黄金至上论"：一个国家的财富不是靠金银存量来计算的，过多的金银会使物价上涨，反而导致出口竞争力变弱。末段的译文难懂，大意是说：我国对外国若有贸易顺差，那是因为我们要把更多的货品输出给他们；反之，在有逆差时，是外国货品输入给我们的，比我们给他们的更多。所以，如果只从黄金至上论的角度来看，顺差当然是好的，但我们也是拿自己的产品去换回他们的金银，并非毫无成本；此外，一味地追求外国金银输入国内，如上所述，对本国的经济长期说来是不利的：国内物价变高、对外竞争力变弱，最后只好以原先累积的金银，向外国购买较廉价的产品，终致金银倒流，白忙一场。这是 David Hume 最有名的 specie-flow mechanism（黄金流量调整机能）。斯密在此段内，只是表层地触及这个原理，若不先理解 Hume 的原理，实在不易从字面上看出此段的精妙。而严复的案语是："斯密氏计学，于此等处最窥其深。其理已与后贤所谓全力常住不可增减之例，通而为一。在当时而能如是，诚命世之才，宜乎其能为一学开山也。"（页 537）

首先，单从斯密上引的文字来看，很难理解为什么严复会认为"此处最窥其深"。若是严复已洞窥此文背后的 Hume 原理，那当然是已窥其深处；但这项道理并非斯密所创见，也非 Hume 所独见，而是当时反黄金至上论者的通识，只不过是 Hume 的表达更广为人知而已。其次，如果严复所说的这项高深学理，就是上述的 Hume 原理，那么斯密尚不足以称为"诚命世之才，宜乎其能为一学开山也"。总而言之，严复的这段案语费解；此外，此处也不是"斯密氏计学，于此等处最窥其深"的地方。（参阅本章第 4.1.3 小节"金银价值的决定原理"）

4.3.4 殖民地政策

张汉裕：563 译"但为要得到殖民地贸易上的这种相对利益，为要实行那尽量排除他国分享殖民地贸易的恶意而易于招怨的计划，英国不仅牺牲了其及其他一切国家原可在这贸易上得到的绝对利益的一部分，且也使自己几乎在一切其他贸易上蒙受绝对的不利与相对的不利，这是我们有相当理由可以相信的"。

斯密这段话，平实地反映殖民地政策之得失，是很浅显的叙述。而严复的案语却过度赞扬，借题发挥己意："斯密氏此论，实能窥天道之全。盖未有不自损而能损人者，亦未有徒益人而无益于己者，此人道绝大公例也。公例之行，常信于大且远者。自其小且近者而征之，则或隐而不见，因缘滋繁，难以悉察故也。而公例之行实自若，常人信道不笃，则常取小近者以为征。此何异见轻球之升，而疑万物亲地之理，与通吸力之公例为不信乎。嗟乎，使公而后利之例不行，则人类灭久，而天演终于至治之说，举无当矣。斯密氏之论，岂止为商务一端发哉。"（页 585—586）这段案语是明显偏离主题的过誉。

4.4 余论

此处要谈的另一个题材是：对经济学者而言，《国富论》内有许多经济学理性的概念，直到两百多年后的今天仍持续有人在探讨，这些概念在严复的译本内是否也传达给了中文读者？以这个问题来质问《原富》，当然对严复过度苛求，在此只是以现代的观点来作"余论"而已。现代经济学者关注的斯密经济学题材，若以 Hollander（1973）为例，他的第三到十章分析下列八个题材：产业结构、价值理论、分配理论、资本累积、技术进步、经济发展、国际贸易、投资理论。这类的题材比较能显现出斯密经济学的动态解释能力，以及内部的架构性活力，比起单论斯密的地租论、工资论这种简单的老概念，两者在层次上与深度动力上绝难相拟。Hollander（1987）也是用这个角度来分析其他古典学派的经济著作，这才是深刻理解斯密经济学的切入点之一。

但要能理解 Hollander 式的命题，就必须"读通"斯密的相关著作，以及古典学派的对照性著作；要回答这些经济问题，绝不可能从《国富论》的某几段文字就找到满意的答案。也就是说，需要有更宽广的经济学知识，具备深刻的问题意识，才能体会出斯密的经济学概念。若以这个层次为目标，那么单单阅读《原富》这种"骎骎与晚周诸子相上下"的译文肯定失望，因为：（1）严复的关怀是"国富论"，如何让中国人通过这本名著来体会出富强之道；工资论、货币论、利息论这类的题材并不是他的首要关切对象；（2）他没有和 Hollander一样的经济学知识和背景，能把斯密经济学的内涵分析论述得那么透彻。从前面三节的分析可以看到，严复的理解是介绍、补充与批评性的，是较表层性的。退一步说，暂且不要和Hollander 的问题层次相比拟，单就一些标准的斯密概念来看，严复在译文内也都没能表达出来，例如：（1）看不见的手定理（invisible hand theorem），（2）自利说（self-interest），（3）钻石与水的悖论（diamond-water paradox）。这三个概念在《原富》的译文内都没有，原因如上：这不是严复的主要关怀。

先看斯密最有名的"看不见的手定理"，它的大意是说：每个人在追求各自的利益时，会有一只看不见的手在调和，使得整个社会的利益也同时增进。斯密这段名言是："就一般说，不错，个人既无意想促进社会的利益，亦未知自己是否促进社会的利益。……他们指导产业劳动，使得生产物达到最大价值，其用意只为自己的得利。在这场合，像在其他场合一样，他们为一只看不见的手所引导，促进了他们毫不意图的一个目的。他们毫不意图这目的，并非不利于社会，他们各自追求各自的利益，往往比较其真想促进社会利益之时，还更有效地促进社会的利益。"（张汉裕：437—438）严复的译文是：

"必谓彼以公利为期,知其有益国之效而后为之者,是又不然。彼之舍远而事近者,求己财之勿失耳。彼之务厚而不为薄者,求所赢之日多耳。彼之所各恤者皆己私,而国莫之为,遂享其大利。且国之利,岂以彼之各恤其私而或损哉,惟民恤其私而国以利,其利国乃愈实。"(页 449)这种译法是否忠实暂且不说,要点是他漏失了最关键的一句话:"他们为一只看不见的手所引导。"

若有人认为严复的译文虽非句句忠实,但大意应与斯密相同,则请参照他在页 660 案语内的一句话:"又以见人心既累于私,则无往而不与真利相左。"我认为以他的教育背景和要替中国追求富强的动机来看,严复基本上并不认同这种"看不见的手定理"。

再举一例:"钻石与水的悖论"是经济学的一项基本原理。斯密说:"具有最大使用价值的物品,往往几乎或完全没有交换价值;反之,具有最大交换价值的物品,往往几乎或全没有使用价值。虽然水是最重要的东西,但几乎不能用以购买任何物品,亦几乎不能用以交换任何物品。反之,虽然金刚钻是几乎没有什么使用价值,但却往往可以交换大量其他的财货。"(周宪文:28)《原富》部甲篇四《论泉币之始》(页19—23)略译此章的第 11—18 段,而这段重要的"矛盾"是在原文的第 13 段。这个例子再度显示,严复的主要关怀不在于经济学理的析辩,而是在如何使国家的经济富强。

此处的用意不在于揭发严复的误译与扭曲,我们必须同情地理解,他在专业知识与中文词汇皆不足的双重制约下,仍然译出了一些见解正确、掷地有声的佳句。然而,严复式的翻译和案语,让我们觉得他对斯密经济学概念的兴趣与掌握,远比不上他对"国富论"的关怀。

5

严复的经济见解

严复的 310 条案语内，有些是他自己的经济见解，我从这些案语整理出几项主题：严复眼中的中国经济有哪些主要弊端？他提议如何改善？这是第 5.1 节的主旨。《国富论》以提倡经济自由主义闻名，第 5.2 节分析论述严复对这个概念的理解与回应。第 5.3 节解说他对个别的经济问题有哪些不同的见解。严复论经济的文字，我认为还称不上是有体系的理论或思想，所以名之为"见解"。

严复从福州船政学堂毕业后，赴英国 Greenwich 海军学院留学两年 (1877—1879)。照理说，他在国内外并未受多少正式的西洋人文社会科学的训练，但从他在《原富》的案语中，很可以感受到他对西洋经济学的流变、分析手法、代表人物和不同见解，都有相当广泛的认知。此外，他很能广征中国古籍的语词和观念，来辅助解说斯密的意思，也能举中国经济史的事件，来和西洋的情况相对照。以下大略分析论述他大概是从哪些来源，掌握到这些经济方面的知识。

（1）中国典籍。他在页 55、57 的案语内明白地提到《汉书·食货志》；在页 20—21 的案语内，虽未直接引用，但大概可推测也是出自此书。此外，在页 15 的译文内有两行多的夹注，引述《洪范》的八政。他在"译事例言"（页 2）内也提到《史记·平准书》、《盐铁论》、《周官》、《管子》、《孟子》以及杜佑和王安石，在页 347 的案语内也引用了司马迁的一段话。

（2）Rogers 的批注。表 3.3 内第七项统计严复直接引用 Rogers 教授批注《国富论》之处共计 31 条，我认为他从 Rogers 的注释取用的部分应不止这些。以页 212 的案语为例，严复说斯密所依据的麦价资料有误，严复根据他人的考证，提出正确的麦价是"每括打乃六生金四便士"等等，"……此言正与斯密相反，……"这种资料是要很专业的人士才能提出，严复或许是据 Rogers 的注释文改写的，可惜目前未找到 Rogers 的注释版来印证此点。这类的例子还有一些，从表 3.3 内的第 1 到第 3 项内都可以找到。

他在《原富》内的案语，除了明白指出另有所据的地方，如果都是出于自己的知识，那我们就不得不佩服他在西洋经济学，以及其他西洋人文社会科学方面的广博知识。对一位船政（海军）出身的人来说，就算他参引许多 Rogers 的注释而未指明出处，他对西洋经济（学）史能理解成上一章和这一章所分析的内容，也很值得佩服了。

5.1 中国经济的弊端

与这项主题相关的案语，集中在《原富》的第四、五篇，主题分别是"论经济政策"和"论国家收入"。此书前三篇的题材，是属于较基本概念的经济学原理，以及欧洲经济发展史方面的题材，能引发议论中国经济弊端的问题不多，而第四、五两篇正是严复可以"托译言志"的好场所。

5.1.1 银本位之害

19世纪70年代起欧美诸国改采金本位制，国际银价因而大跌，中国因采银本位而使得币值大贬。《国富论》第一篇第十一章"论地租"的正文之后，有相当长的篇幅"旁论欧洲过去四个世纪之间银价的变动"。严复在译此处之前，先解说中国因采用银本位而吃亏受损的情形："中国以银为易中本位，十余载以还，金铜皆日贵，谷价亦日腾。甲午至今，其腾弥甚，无虑所增三分而一。说者谓往者西国悉弃银准用金，独中国、印度、日本三者用银。今印度、日本亦用金准，用银之国，独有支那。故中国银多进口，金多出口，此银贱所由然也。顾吾闻商贾言，各口都市见银仍不见多，则又何说？不知自甲午以来，中国如铁路诸事，率作者多，故需银亦广。以需之广，故散而不见多。而银之贵贱，则五洲之市合而为之，他所既贱，则支那不独贵也。……吾闻长者言，咸、同时以银买物，已不敌雍、乾时三分之一。至于今日，又不及咸、同之半矣。总之，各国既用金准，而中国不变，其受病之大，终有所底。而一时欲弃而从金，力又不逮，此事所关极巨，上自朝廷之制禄，下至商贾之交通，皆蒙其害。有心宏济者，不可不广览而熟筹之也。"（页206—207）

到了第四篇第一章论重商主义时，斯密提到：发现美洲新大陆之后，输入大量金银到欧洲，使得金银价格大幅变动，物价也因而产生激烈起伏，史称物价革命（页428）。严复很自然地又想起，近年来列强采金本位之后对银本位诸国的冲击："近十余年间，东亚金银贵贱之变，实为亘古所未有。以金为准，则银之降贱，殆倍于十稔以前。而铜之贵，则古二而今三。此其故，粗而言之，银矿所出日多，一也；东西诸邦，悉弃银而用金准，二也。中国立于其中，无力改作，遂为天下之下流。国中物价，今昔绝异，此其世变，岂异美洲新得时耶？"（页 428）

到了第四篇第七章论殖民地时，在第一节末斯密谈到在秘鲁和墨西哥所发现的金银矿。严复再度谈及中国银本位的劣势："今各国皆用金准，而中国用银。银之至中国者，若水之趋壑，恐数十年以往，银之降贱，又不若今。而易中本位，历久则其变愈难，此中国最可虑之一事也。不幸吾国知计者鲜，莫能为之预图。则亦听其自至而已。夫金银相受之率，视出世者二物之多寡。以今日黄白之数，欲银之差贵而不相悬，难矣！"（页 554—555）

严复写此案语时（约 1900—1901 年间），中国因采银本位而在两方面吃大亏：一是向外国购物时，因国际银价大跌而使得购买力大降，进口物价高涨。二是诸项赔款在签约时原以银两为单位，国际银价大跌之后，各国不甘受损，要求中国改以黄金支付，也就是说，要中国承担金贵银贱之间的差额；因为当时的国际的领导货币是英镑，所以这项差额又称为"镑亏"。中国为何不也采金本位？主要是因为外汇存底太少：历年的赔款筹不出来，国际贸易赤字严重。（有两项原因：第一，金贵银贱使得出口赚得少，进口赔得多；第二，外货强势侵入，进口值大过出口值）那时候有另一种提议：中国可采用虚金本位，即对外交易谈判时用金本位，国内交易仍是银铜并用。

虚金本位之议屡起，每次都无疾而终，主要原因是 1918

111

年第一次世界大战后，国际金银价又起波动，时而金贵银贱，时而反之。也就是说，国际金本位制出现不稳定的状态，所以中国处于两难的状态：若要加入金本位，一方面财力不足，另一方面眼见局势起伏，加入后的效果难测。直到 1935 年中国废除银本位制为止，都未采用过虚金或金本位制。那么，回顾说来，在 1900—1935 年间，中国在忐忑不安、争议不断的状态下维持银本位，对中国的经济大体说来是好是坏？

我的另一项研究（Lai and Gau, 2002）显示：中国在 1902—1935 年间采用银本位，从物价和汇率的稳定性来说，都要比采用虚金本位来得好。也就是说，严复在写此案语时，正值银本位最劣势的阶段，若他是到 20 世纪 30 年代才写此案语，恐怕反而会庆幸中国采用银本位是对的。主要的原因是：国际金本位在 1918 年以后就不稳定，甚至有人认为金本位和 1929 年的世界经济大萧条密切相关［金本位诸国被黄金绑在一起，美国落难，金本位制同盟国全溺，所以又称金本位为"金脚镣制"（golden fetters），见 Eichengreen, 1992］。若中国在 19 世纪末 20 世纪初勉全国之力，强行加入金本位俱乐部，则必然会在 1929 年时因采金本位而受到"金脚镣溺毙效果"的牵连；也就是说，中国在当年很有可能因为维持银本位而减轻了 1929 年大萧条的冲击。

5.1.2 工商业之劣势与补救之道

第二篇第五章"论资本的各项用途"，斯密说英国许多地方的住民，没有足够的资本改良耕地，苏格兰南部的制造业无资本处理羊毛，有许多小城市无足够的资本把产品运销到远方市场。严复的案语认为这段话很贴切地描述了中国的实况：

"……所云农工商三业之困，求之中国几于无地无之。地之不辟，不必西北，虽吴楚财富之区，往往而是。二十余口所出，大抵生货，则工业几于无有。不但衰也，彼有来舟，我无去筏。即至丝茶大利，亦听他国之夺其市，未尝一考其由然。……而养民理财之计，若一任天运之自然者，其贫且弱，非不幸也。"（页365）

他提议的补救之道，可以说是"说得容易"，甚至可说是书生之见："窃谓补救之施，在农工难而在商易。国家于东西各国，既遣使臣各居其国矣，及其闲暇，访求其国所可销售之华货。数年之后，自置轮舟，运销各国。母财诚少，不妨先为其微者，俟其利可恃，而后徐扩充之。祛他族之垄断，开无穷之利源，不能不有望于后之人也。"（页365）试想英国在16—18世纪重商主义最盛行的时期，国家花费了多少投资在海军上，才能开拓殖民地、保护商民在各地的利益。国际市场的争夺，岂止是设商号、置轮舟就可以成功的？

5.1.3　度量衡不一

虽然秦始皇一统天下时，已经"书同文、车同轨"，但直到第二次世界大战结束时，中国除了书同文之外，度量衡从未真正统一过。不仅如此，在1935年废除银本位之前，各地银两的种类（海关两、库平两、漕平两）繁多，每两白银的含纯银量也各异。这种规制不一的混乱，自然造成经济交易上的大困扰。

《国富论》第四篇第三章，提及18世纪荷、德、意诸国货币不统一对经济交易的困扰。严复的案语是："此第三条所言，在欧洲为仅见，在中国则为至常。假使有人由沪兑款入

113

津，但执所载铢两为索，而不问规元公砝行关诸平之异，则其人去病狂不远矣。中国度量衡三者之纷，自宋代而已然。故苏明允言东家之尺，而较之西家则若十指然。此其烦耗心力，费时滋弊。分则见少，积则至多。所以沮遏生财之机，已为大害矣。而售欺长伪，丛弊启奸，所以为民德风俗之祸者尤巨。吾不意中国号为文明者四千余年，而于民生最急之端，坏乱至于此极。此而不图，于他理财之政，尚何问焉！"（页477）中国各地因规制不同所增加的交易成本，以及因而引发的相互不信任感，实在是无意义而又难以立即根除的地域性差异。此事看来虽小，但未见一国能够强盛而度量衡混乱如中国者。

5.1.4 贸易逆差

《国富论》第四篇第三章第二节第二段的主旨，论说重商主义者以追求贸易顺差额来累积国内的金银数量，并视之为国家财富的象征，斯密认为这种观点是错误的。因为若借着出口奖励金或独占权所赚得的贸易顺差，是不自然的行为，且必有害处于逆差状态的贸易对手国。反之，若用公平互利的方式交易，不以追求顺差为目的的话，贸易就对双方有益：不只是金银数量的增加，更是因为双方土地与劳动生产物的交换，使得双方国民的收入增加。

严复译到此处，联想到晚清中国贸易逆差的大赤字，形同穷苦人家既不得不与富人（列强）交易，但每一交易就又失血。他的感叹是："东西二洲古今政策聚讼者，亦多矣。往往此一是非矣，而彼亦一是非。独所谓保商权，塞漏卮之说，无所是而全非。……泰西人怀此见者数千年，自斯密氏说行，而长夜始旦。民智之难开，可以见矣。……其所谓漏卮之说，自道、咸以来，至今未艾。其所谓漏卮者无他，即进出差负而金银出国之说也。此自林文忠、魏默深至于近世诸贤，皆所力持而笃信之者。欧洲自斯密氏之先，培庚号理家先觉，其主英之财政，亦深以漏卮为忧。而斯密氏同时贤豪，亦自不乏，皆未尝稍异其说。则于东方之君子何怪焉！此书所立之说，其有裨西人不知凡几。顾其说在西人则为旧说之赝闻，在吾党或为新知之创获。此不佞译事，所以独有取于是书也。"（页478—479）

严复明白贸易的顺逆差是一种"零和游戏"，一如"兵战"：我赢即你输，我败即你胜；亦即世上金银有限，我国的贸易顺差，即是对手国的逆差。这种见解在欧洲流行甚久，称为"黄金至上论"。严复说"斯密氏同时贤豪，……皆未尝稍异其说"；中国的林文忠（林则徐）等"近世诸贤，皆所力持而笃信"。这是古今中外黄金至上论者的共同论点，清楚明白。

接下来的案语则值得商榷。他说"此书所立之说，其有裨西人不知凡几"，那是因为斯密同时代的人理解到一项矛盾现象：英国从贸易顺差所累积的金银愈多，国内的物价愈高，产品就愈无法和其他国家竞争。也就是说：追求金银的后果反而害了自己，所以他们知道金银数量的适度性才是重要的。这样的新见解改变了过去的经济行为模式，所以"其有裨西人不知凡几"，也成为18世纪末英国商界的共识。然而，这是"过度富裕"的英国人才需要的知识，就像粮食丰富的美国人理解到过度的食物有害健康一样。可是贫穷瘦弱的清末，在基本粮食（外汇存底）严重不足的情况下，难道也要和英国同样倡说累积黄金外汇误国论？严复不但把斯密的"反对黄金至上论"介绍到穷弱的中国，还说这是"在吾党或为新知之创获，……所以独有取于是书也"。异哉！

5.1.5 公共运输设施

第五篇第一章第一节"论便利社会工商业的公共土木事业与公共设施",斯密分析这些工程对国家与社会的长远效益。严复因而感慨中国在这方面的见解迟钝:"世变日异,而国家赋税之所待亦以不同。故今日之中国,患不知理财而已,贫非所患。往者国之经费,专仰于地丁,降之而有关税、海榷之设。曾几何时,年有所加,至于今乃为国用之桢干矣。迩者乃设邮政,此亦久而弥大,不可臆度者也。铁路既通,陆榷必巨,故曰患不知理财而已。贫必非中国之患也,国家常以至重之利权,付之非我族类者。初若不甚重惜而弃之,不及三十年,将在在皆荆棘矣。故今日之谋国者,过在不知事理,不在不识洋务时务也。"(页723—724)

严复的意思,不止限于斯密所说的"公共建设之社会效益",他进一步指出可由此增加国库收入,而不必自限于"地丁、关税、海榷"。可是,严复岂不知清末的厘金税网密布,商旅抱怨连连,物价因多重课税而高升?铁路与邮政之设,应是以促进流通效率为主,岂是借以增加税收为着眼点?若果,徒增另一道税网而已。

5.1.6 税吏舞弊

第五篇第二章第一节末,谈君主的税收因税吏舞弊和劫掠而蒙受损失。斯密提到:"中国公家收入的若干部分,据说就是这样(以实物)征收的。清朝官吏及其他税吏,当然会继续这种征收实物的方式,因为这会比征收货币还更容易舞弊。"(Smith,1976:839)

严复对斯密的这项观察深有同感："中国当斯密氏之世，其传播于外国者，夫已如是，时至今日，又何如耶？大抵中国赋税之事，尽于'取下至多，而纳之府库者寡'二语。顾其弊尤莫大于漕运，而论者一言折漕，众难蜂起，则正斯密氏所谓监督官司，皆愿其制之沿而不革者矣。"（页864—865）他认为这种状况越来越严重，可用"取下至多"、"纳之府库者寡"这两句话来归结，可见中间的流弊。其中最大的漏失过程，就在南粮北运（漕运）的过程，正因为弊端重、中间利益纠葛，所以"一言折漕，众难蜂起"。

到了同一章末论包租制度对民众与国家的弊害时，严复也有类似的批评："中国货物之税，几无一而非牙课矣。夫牙课者何？上收一定之额征，凡其有余，则承者之利是已。夫是之谓中饱，是之谓牙侩。而中国税不中饱，官不牙侩者谁乎？夫盐课之大，固无论已。他若各口之钞关，各省之厘卡，主之者虽名为官，其实皆牙侩耳。此中国赋税，其大弊所以归于不核。多为沮梗，于国无利，于民大损，一不核也；制为中饱，民出者多，国得者寡，二不核也。此上下之所以交丧，而廉耻之所以益衰，举坐此耳。"（页924）

牙课原指牙行（居间买卖的商人）所课之税，清末因政府权力萎缩，课税能力减弱，因而税收减少。补救之策，是和地方大商人合作，由商人包税，年缴定额给政府，而政府授权由商人代国家执行税收。行久之后，地方税多由牙行执行，故严复在此把包税制说成牙课。他所批评的这种包税制度，在中国和欧洲都产生过许多弊端。

5.1.7　国债的严重性

第五篇第三章论政府公债的运作方式，以及公债对工商业与政府的利益。19 世纪末中国财政困难，严复的案语并无新论，只是写得沉痛："君子读斯密氏此篇之言，而反观吾中国之为何如国，为此乎？为彼乎？……数载以还，国亦多故矣，……而国债弥重。且其债非貸之于民也。官貸之于外国，而外国转而貸诸吾民者，有之矣。岂尽民之无良哉？民无所恃于官，而外国无所畏于中国故也。往者亦尝貸之于民，则昭信之股票是已。……庚子之岁，行将尽矣，和议十二款出，国之逋负益深，后之财政，将必有越樽俎以代吾庖者。使继此而民以病，其事故可悲；使继此而民不病，其事尤可悲。曩有谓法终当变，不变于中国，将变于外人。昔闻其语，今见其事矣。"（页 937）过了几页，严复又写了两整页的案语（页 943—945），大论国债的严重性，分析论述如下：

（1）今昔对比，情况大变："国债一事，为中国从来所未有。国家当全盛之日，边事如准噶尔，如西藏，皆以司农之财供之而有余。至道、咸之间，忧贫乃始，然未尝加半文之赋于民也。粤匪之乱，诸公筹饷，始创厘金，谓为权宜之制，而兵食大舒。又是时海禁方开，始于上海，继而有十三口、二十余口海关之権。考中国今日之岁入，以比嘉、道以前，盖数倍不啻矣。而忧贫之象，日加乎前。"

（2）保守心态者，以为这是和外国通商之恶果，主张闭关锁国，尤为无知："狃于旧说者，辄以通商为绝大漏卮，甚且拟之鬼魅凭人，摄吸膏血。……读斯密氏《原富》之书，而其胸中如是之见，犹洗除不尽者，则无庸发其墨守而箴膏肓矣。"

（3）战败赔款是主因："同治以前，边衅常起，然所谓赔给兵费者，至数百十万最多，中国之力犹足以及，无举洋债而表分偿也。……而赔款至二百兆有余，而关权为指偿之赋税。……本年庚子五月，瞥然有拳会灭洋之事。其人谋之不臧，殆前志所未有。七月乘舆西狩，至十一月而十二款之和议画诺，后此所赔之兵费几何？颇闻分年以复所举之债，须岁三千万者五六十年（此书成于光绪二十六年十二月，故云）。如此而益以前负，则中国财力，不其殚欤！"

（4）英法两国之国债，平均每人的分摊额不低于中国，但未"因此而贫"，或"由是而不振也"；而中国之债，平均每人不到一镑，无足忧也："自西人观之，彼固夷然以为未甚也。盖彼见英伦者天下之富国也，而庚寅、辛卯（1890—1891 年）之间，其国债为六百八十四兆镑，以三十七兆八十万之民数计之，每民所负盖十八镑有奇。至法兰西，则尤骇耳目矣：庚寅、辛卯间，以三十八兆之民，而积一千二百六十五兆镑之国债，以每民计，盖各负三十三镑有奇；其岁出永息，亦三十七兆八十一万镑。然未闻英法二国遂因此而贫，抑由是而不振也。中国后此之债，要不外一千兆两银而已耳，此不过二百六十余兆镑，而其民号三百余兆，是不及人一镑之债也，复何忧乎？"

（5）然而，不同之处在于国债的用途不同，此外偿债能力与偿款来源亦大不同："虽然有辨，是二国之债者，大抵举之以治军，则有拓国攘利之饶，以之兴功，则又有便民通商之益。故国债虽重，国财日休，此犹斥母以来赢息耳。至于中国，则十年之中，丧师者再。其举贷者皆国之款，其所偿者皆敌国之费，故债重矣。……是中西之负债同，其所以负债者大异。而后此之所以偿逋散息者又殊。西国之债以利，中国之债以害，是又乌可同而论之乎！继自今，设不取财政一切而更张，抑更张矣，而其权皆操于外人，吾诚不知国之何以堪命也。"

这几段话说得条理清晰，要点俱在，他在页 959 还有一些类似的案语。经济史学者对晚清外债问题已有许多很好的研究，在此不赘，请参见《中国清代外债史资料》（北京：中国金融出版社，1991）。

5.2　经济自由主义

自由放任、反对管制、主张自由贸易、反对重商主义、反对保护政策，这些都是《国富论》的基本宗旨。以下分析论述严复对斯密的经济自由主义，有过哪些补充与响应。①

5.2.1　反对保护主义

严复在"译事例言"（页 4）内，根据斯密的精神力陈保护主义之弊："保商专利诸政，既非大公至正之规，而又足沮遏国中商业之发达，是以言计者群然非之。非之诚是也，然既行之后，欲与更张，则其事又不可以不谨。盖人心浮动，而身被之者，常有不可追之灾故也。已置母本，不可复收，一也。

---

① 严复在译《原富》之前一年写了一篇《辟韩》（1895），其中有些段落可以显示出他对国家干预措施的观感，摘引如下："且韩子亦知君臣之伦之出于不得已乎？有其相欺，有其相夺，有其强梗，有其患害，而民既为是粟米麻丝、作器皿、通货财与凡相生相养之事矣，今又使之操其刑焉以锄，主其斗斛、权衡焉以信，造为城郭、甲兵焉以守，则其势不能。于是通功易事，择其公且贤者，立而为之君。……故曰：君臣之伦，盖出于不得已也！唯其不得已，故不足以为道之原。……知民所求于上者，保其性命财产，不过如是而已。更骛其余，所谓代大匠斫，未有不伤指者也。"（《严复集》页，34—35）

事已成习，不可猝改，二也。故变法之际，无论旧法之何等非计，新政之如何利民，皆其令朝颁，民夕狼顾，其目前之耗失，有万万无可解免者。此变法之所以难，而维新之所以多流血也，悲夫！"这段话写得有力，把保护某些产业、某些阶级或个人的商业政策，所可能引发的诸种弊端，说得深入透彻。

　　将近 100 页之后，严复以一整页的案语再论此点："自斯密氏此书流布，泰西风气一时为之幡然。英国后此百年，其民情与此所云正反。工商之家，原始要终，知护商之法自塞利源，得不酬失，则主弛关之说。弛关者，内外平等，不于入口诸货，畸有重征也。其业联私约，凡所以为垄断辜榷者，亦稍稍捐除，至今而尽。……"（页147）大约又过了450页，他再度解说此现象的基本特质："斯密氏着论之顷，即北美自立国事纷纭之时，故情重言长如此。至云专利之政不可不革，而革之不能无大损，则其言诚有过虑者。自事后观之，斯密氏之言固无验也。英国财政，凡变革商宗学者之所为，皆大利而无少害，此亦前人始计所不及者也。盖工商民业之中，国家去一禁制，市廛增一鼓舞之神。虽有不便，特见于一偏一隅，而民气之所发舒，新业之所导启，为利至众。偿之不止于有余，且转移至速，前之不便，瞬息无所。"（页596—597）

5.2.2　反对专卖独占

　　《国富论》第一篇第七章"论商品的自然价格与市场价格"时，斯密谈及同业团体为了保障自己的利益，运用种种方式限制从业人数或产品数量，使价格维持在有利的水平上。这段文字的位置在全书开始不久（页62），严复趁机写了一页多的案语，一方面解说斯密的用意，另一方面说明独占专卖之利弊。

（1）论自由供需之利与独占之弊："供求相剂之理，非必古人所不知。其发之精凿如此，则斯密氏所独到，此所谓旷古之虑也。盖当时格物之学，如夜方旦，斯密氏以所得于水学者，通之理财，知物价趋经，犹水趋平，道在任其自己而已。顾任物为竟，则如纵众流以归大墟，非得其平不止。而辜榷之事，如水方在山，立之堤鄣，暂而得止，即以为平。去真远矣！……又斯密氏谓辜榷之事，能使求货者出最贵不可复加之价。而自由相竞，则物价最廉。以常法论之，其大例自不可易。"（页62）

（2）独占事业亦有利者："然懋迁理赜，其效亦有不尽然者。今如荷兰之香业，则以辜榷而价逾经；中国之官盐，亦以辜榷而贵数倍。然如邮政一事，则欧洲诸国，转赖辜榷而邮费大廉。国家岁赋，此为巨款。假使用民间信局，有必不能者矣。即自由为竞，物价转不能廉者亦有之，如其业需母甚巨，则所贵逾多。英人最憎辜榷，故国中铁轨亦听分行。然行者之载，未闻因此而约。伦敦都市，候雇之马车几百万辆，然以车众而雇分，雇分而载重，此又尽人之所知也。故近世计学家察图翼，设为市场内外竞之分。外竞者，争得市场也；内竞者，同场而竞也。谓外竞可，内竞不可。姑举之以备异闻，非定论也。"（页62—63）这段话很能显示严复的明理，他不是一味地反对独占，而是要视事情的基本特质与效益而定。

联合垄断还有哪些优点？他举茶叶为例："业联之所以病国，在辜榷把持，使良楛无异也。使其立之约束，为一地之公利，不许贾伪售欺，则亦未尝无益也。今如闽之茶叶，人得为贾，而小民怵于一昔之赢，往往羼杂秽恶，欺外商以邀厚利，贻害通业所不顾也。二十余年来，印度茶叶大兴，而闽之茶市遂极萧索。向使其地业茶大贾，会合为联，立规约、造商标、令茶之人

市，杂伪者有罚，使贾茶之家，久而相任，则闽之茶品，固天下上上，足与印茶为竞有余，未必不收已失之利也。"（页150）

他说自从《国富论》出版后，英国废除了保护专利制度，各国之间交易相通大增，国富日进："前此欧洲各国患其然也，于是立为护商法，入口者皆重赋税以困沮之。乃此法行，而各国皆病。泊斯密氏书出，英人首弛海禁，号曰无遮通商（亦名自由商法），而国中诸辜榷垄之为，不期自废，荡然维新，平均为竞。此虽其智有足称，然亦以英货之通于他国者多，故乐用也。自此以还，民物各任自然，地产大出，百倍于前，国用日侈富矣，百姓乐成，乃益叹斯密氏所持之论为至当而不可易云。"（页142）可是，严复未说明在19世纪初，英国的自由贸易论又被复起的保护主义取代了（参见本书页92的注释①）。

5.2.3　自由经济论

第二篇第三章"论资本的积蓄"时，斯密主张国家不应干预个人的经济作为："国王与大臣若想用取缔性的法律，或禁止外国奢侈品进口，来限制个人的费用，这是最大的非礼，是最大的僭越。"（周宪文：340）严复有一段漂亮的案语补充这个论点："……考古今所至不同者，今谓国家民之公隶，古谓君上民之父母。既曰父母，则匡拂劳来之政，樊然兴矣。……其为颛愚计者，名曰辅之，适以锢之；名曰抚之，适以苦之。生于其政，害于其事。此五洲国史，可遍征以知其然者也。是故后之政家，佥谓民之生计，只宜听民自谋，上惟无扰，为祎已多。而一切上之所应享，下之所宜贡者，则定之以公约。如此，则上下相安而以富。史迁、申、老之言曰，善者因之，其次利导之，其次教诲之，其次整齐之，最下与之争。又曰，此岂有政教发征期会哉！各劝其业，乐其事，若水之趋下，日夜无休时，不召而自来，不求而民出之。岂非道之所符，而自然之验耶？其丁宁反复之意，可谓至明切矣！"（页346—347）这种文体和论点，对新旧世代的读者想必都有相当大的冲击。

严复举英国实行自由经济的实例，来说明经济自由主义的本质：英国"……至道光二十六年，而平税之政行矣。其去斯密氏成书之日，为时仅四十有五年而已，夫何必其国之为乌托邦而后能哉！论者谓考英国计政之所以变，而国势之所以日臻富强者，虽曰群策，斯密氏此书之功为多。观英相弼德自云，必读斯密氏《原富》全书，而后可以相位。一言为知，岂诬也哉！窃尝谓凡此皆运会之事。运会既丁，虽斯密氏未为《原富》，而着书言计者终有其人。"（页469）这段话的深度，在于严复一方面把《国富论》的政策影响清晰地点了出来，更重要的是他能理解到：一个国家能采取经济自由主义，不是单靠主观的意愿就足够，而是要天时地利人和的"运会之事"；如果运会到了，就算没有斯密这个人，也自然会有其他人著书提倡经济自由主义。

严复接着批评说，中国对自己的处境过度悲观，无心去理解经济自由主义的优点与效果："……故吾中国之处今日，其常忧于无救，而卒为棕黑二种之续者，病在自黜聪明，不察理实已耳。至于专利顾私之害，犹其轻焉者也。"（页469）英国在18世纪末、19世纪初正值盛世，工商业发达竞争力强，不怕外货侵入打击本国产业，所以敢畅然提倡自由主义。而19世纪末的中国，从社会的观点来看，被讥为东亚病夫；从经济的观点来看，银价大贬、工商业竞争力弱、贸易赤字巨大，凭什么条件和富强时期的英国一样，提倡自由经济和自由贸易？若经济自由主义具有长远的优越性，何以19世纪初英国又恢复保护政策？严复见英国 18 世纪末因自由经济而富强，不思中英经济体质大异，不知"一人之美食可以是另一人的毒药"，竟在清末中国提倡自由贸易，甚值得商榷。①

5.3 其他经济见解

5.3.1 反商说与本末论

《国富论》第四篇的主旨是反对英国的重商主义，斯密的要点是反对国家借着给某些公司、企业、个人的专利经商权来抽税谋利，同时也因而限制了一般市民的工商业机会。清末的读者未必理解这段背景与斯密的用意，容易直接把中国传统的重农抑商说，和斯密的反对重商主义联系结合起来，所以严复在"译事例言"特意解说此事："斯密此书论及商贾，辄有疾首蹙额之思。后人释私平意观之，每觉所言之过，然亦知斯密时之商贾，为何等商贾乎？税关屯栈者，公司之利也，彼以谋而沮其成，阴嗾七年之战。战费既重，而印度公司所待以楮柱其业者又不訾，事转相因，于是乎有北美之战，此其害于外者也。选议员则购推举，议权税则赂当轴，大坏英国之法度，此其害于内者也。此曹顾利否耳，何尝恤国家乎？又何怪斯密言之之痛也！"（页 4—5）

严复和斯密不一样的地方，是 18 世纪中叶斯密写此书时，深受法国重农学派的影响，认为农业才是国家财富的根本；而严复在 19 世纪末译此书时，认为中国的农业已经开发到生产

① 林载爵（1983）批评严复对自由这个概念的理解，相当清晰合理（页 158—159 的结论明白有力）；其中与斯密经济自由相关的部分在页 102—103 和 151—152，可参阅。

报酬递减、规模不经济的程度，也就是发生了现代所谓"农业内卷化"的现象，所以他主张应该把方向转到发展工商业。为了传达这项信息，同时也想改变中文读者重农抑商（重本轻末）的观念，他有一段案语在辩解中国经济思想上原本并无抑商之说，而是在汉代以后的"俗儒以其言利，动色相戒"，反而误解了治国的基本观念："《汉书·食货志》：国师公刘歆言，周有泉府之官，收不雠，与欲得。所谓不雠，即供过求者；所谓欲得，即供不及求者。赞曰：《易》称'衰多益寡，称物平施'。《书》云：'懋迁有无。'周有泉府之官，而孟子亦非'狗彘食人之食不知敛，野有饿莩而弗知发'。故管氏之轻重，李悝之平籴，宏（弘）羊均输，寿昌常平，亦有从徕云云，皆供求相剂之事。古人所为，皆欲使二竞相平而已，顾其事出于自然。设官斡之，强物情，就己意，执不平以为平，则大乱之道也。……汉氏以后，俗儒以其言利，动色相戒，不复知其为何学矣！"（页57）

他认为会有这种错误的观念，是源自孟子以来对经书的不正确见解，他写了一大段义利观来辩明："民之所以为仁若登，为不仁若崩，而治化之所难进者，分义利为二者害之也。孟子曰：'亦有仁义而已矣，何必曰利？'董生曰：'正谊不谋利，明道不计功。'泰东西之旧教，莫不分义利为二涂。此其用意至美，然而于化于道皆浅，几率天下祸仁义矣。自天演学兴，而后非谊不利，非道无功之理，洞若观火。而计学之论，为之先声焉。斯密之言，其一事耳。尝谓天下有浅夫，有昏子，而无真小人。何则？小人之见，不出乎利。然使其规长久真实之利，则不与君子同术焉，固不可矣。人品之下，至于穿窬极矣。朝攫金而夕败露，取后此凡所可得应享之利而易之，此而为利，则何者为害耶？故天演之道，不以浅夫昏子之利为利矣，亦不以溪刻自敦滥施妄与者之义为义，以其无所利也。庶几义利合，民乐从善，而治化之进不远欤！呜呼！此计学家最伟之功也。"（页91）这段漂亮的说辞，一方面显现了他对中国思想的掌握，另一方面也是想借用这种文体，提供习于旧学的读者一种新观念。

过了五十多页之后，他又重申本末论的缺失，用语和举例的层次较近日常道理，说服力也较强："农桑树畜之事，中国谓之本业，而斯密氏谓为野业；百工商贾之事，中国谓之末业，而斯密氏谓为邑业。谓之本末者，意有所轻重；谓之野邑者，意未必有所轻重也。或谓区二者为本末，乃中土之私论，非天下之公言。故不如用野邑之中理。虽然，农工商贾固皆相养所必资，而于国为并重。然二者之事，理实有本末之分，古人之言未尝误也。特后人于本末有轩轾之思，必贵本而贱末者，斯失之耳。物有本末，而后成体，而于生均不可废。……必本之贵者，不达于理者之言也。故此译于农工二业，野邑本末杂出并用，取于人意习而易达，不斤斤也。"（页144）他的要点之一是：经济部门的重要性虽有轻重本末之分，但并非本必贵而末必贱，"末亦有时而美"。（另见页364—365，769有类似的案语）

5.3.2 奢俭辩

"俭，美德也，而流俗固薄之"，这是大家熟知的话。斯密在第二篇第三章内，论及俭约与浪费这两件事对个人与国家所产生的效果（Smith：337）。严复对此写了三段案语，分布在页336—341之间，大意如下。

（1）节俭的意义："道家以俭为宝，岂不然哉！乃今日时务之士，反恶其说而讥排之，吾不知其所据之何理也。斯密言，俭者，群之父母。虽然，但俭不足以当之也。所贵乎俭者，俭将以有所养，俭将以有所生也。使不养不生，则财之蟊贼而已，乌能有富国足民之效乎！"（页339）

（2）有些奢侈是不必要的，有些则是必要的："或又云，奢实自损，而有裨民业，此目论也。奢者之所裨，裨于受惠之数家而已。至于合一群而论之，则财耗而不复，必竭之道也。虽然，一家之用财，欲立之程，谓必如是而后于群为无损，则至难定也。于此国为小费者，于彼可为穷奢。法之巴斯獭，英之耶方斯，皆论之矣。大抵国于天地，耗民财以养不生利之功者，盖亦有所不得已。奇技淫巧、峻宇雕墙、恒舞酣歌、服妖妇饰，此可已者也。而兵刑之设，官师之隶，则不可无者也。使其无之，将长乱而所丧滋多。……虽然，兵刑官师之必不可废，固也。"（页339—340）

（3）然而，单是靠小民俭约也无济于事，以俄国为例："当同治之世，俄罗斯贫乏特甚。小民之所勤积，每不敌贵人富贾之所虚糜亏折者，故其时母财耗而外债日增；然则斯密氏所云，亦有不尽然者矣。"（页341）主要是因为俄国的农民与贵族之间，有相当不同的经济行为方式，所以严复认为"徒俭菲不足以救之也"（页337）：勤俭虽然重要，但若国家的社会结构、经费支出结构不妥当，再多的俭约也会被用到无效益之处。（另见页78有类似的案语）

5.3.3 战事与民生

第四篇第一章"论重商主义之弊"内，斯密谈到对外的军事行动，会因军需品的需求高而对制造业有利，制造业在太平时期会因需求低反而衰落（张汉裕：428）。这些论点让严复想起晚清中国多战事的破坏力，他在下面的案语内，清晰地说明中英情况的不同：斯密的论点是对外战争有助于英国制造业（有战争则产业兴盛），而战争对中国却是破坏性的。

英国在战争时期的特殊军事开支，有时是通过向民间举债来支付，而中国未有此观念，大都以加税的方式来弥补。严复的要点是：发行公债和加税来达到此目的，对政府而言责任不同（一需偿还另一不需），对民间而言也不同（一是借另一是夺），而中国政府一概用强夺的方式来支付战费，民怨沸腾："国有兵事，则贷民财以为之，此西制然耳，中国古今未尝有也。有者，加赋（此如咸、同间之厘金）与风天下以财助国已耳（汉之以财助边，与今世之报效）。而贷不贷虽异，其有损于民力均也。斯密氏谓加赋则沮新积之机，贷借则伤旧有之母，是诚不刊之论。然使民之所出者，由于滞财，所未用于废居治业者，于其群生财之机尚无损也。窃谓助国之事，民固献其所有余，未尝损其后利之母，使其至是，未有不怨讟沸腾者矣。"（页954）其实还有一项重要因素严复并未点出：英国的战争都在境外，而中国的战争都在境内，这对国计民生的影响有天壤之别。

严复另有一段案语，认为中国的军队人数过多，但质量不精；平时耗粮，遇事无能，他主张采取精兵主义："……且夫兵广不精，其害尤烈，此学操兵而业杀人者，固皆操末耜而业食人者也。一云募兵，则使生者益寡食者益众，已甚病矣，然犹曰此所以卫生民而保积聚者也。而今日之兵，其卫生民保积聚，又何如乎？时平则糜粮饷，临事则乏军兴，事后又有兵费之赔偿。哀哀下民，遭此天罚。窃以为国之额兵，宜居小数，盖今日军旅之事，难在训将，不在练兵。诚使军制齐均，将由学问，则临事之时，固可化一以为十也。使其不然，多乃益梦，一挫之余，不可收拾，徒竭国力，复何益乎？"（页340）

5.3.4　单一税与一条鞭法

第五篇第二章论国家收入时，斯密谈到法国重农学派认为农业才是国家财富的根源，工商业占国民所得的比例既低，征课税额不高且繁，收不抵支，不如单课农业税。严复加了一段说明性的案语："法国学者之论，即中国一条鞭法也。"（页853）这是过度简化的说法，因为明代嘉靖、万历年间所试行的一条鞭法，主要的用意是简化内容繁杂的夏税与秋粮两税制；中国除了土地税（农业税）之外，尚有诸项赋役，绝非如法国施行单一土地税。此外，一条鞭法从明中叶到清初之间，内容经过多项变化，各地执行的状况不一，绝非严复所说的那么简单。

在同一案语中，严复批评这种单一税的缺点："然其论有不尽然者，使就一国而言，则赋加于进口诸货者，于其地租固无涉也。且使外来之货，与本产同物，赋者免本产而独征外来，则其势将使本产者增价以入市。又赋加于出口诸货而不掣还者，其所征之税，亦与其地租无涉。若必以法计学家之说为不可攻，而谓赋所由来原于畎亩，则由田而征所费最省。……今试使英法诸国，计国中岁用罢一切之赋而悉取于策，设所言果信，彼有田之家，必能辗转取盈，令彼岁入与前相埒，设其不能则谓诸税终出于租者，不待攻破矣。此所谓以矛陷盾者也。"（页853—854）这段话是在批评单一税的内在逻辑矛盾，认为只靠单一税源必难以应付国家的各项支出。

6

结 论

一个世纪之后重读严复译案的《原富》（1902），会有怎样的感受与省思？有两个题材可以思考：第一，纯就学术而言，中国知识界对严复的翻译以及《原富》有过哪些不同的回应？第二，从经济政策的角度来看，《国富论》所主张的最小政府、自由放任、自由贸易，可以适用在清末的经济环境吗？[①]

6.1 回应

胡适原名胡洪骍，少年时读到严复译《天演论》内的一句话"优胜劣败，适者生存"，惊戒之下改名自惕，这是学界熟知的事："我有两个同学，一个叫做孙竞存，一个叫杨天择。我自己的名字也是这样风气底下的纪念品。"（《四十自述》）钱穆也受过严复译书的影响，略引述如下："……仲立遂于架

---

① 皮后锋（2000：324—328）论述《原富》的传播与影响，这和本章的主旨密切相关，但他对本章第 6.2 节与第 6.3 节的论点有很不同的见解，请对照比较。

上取一书，云：此书久欲读而无暇，君试先读，何如。余视之，乃严复译英人斯宾塞《群学肄言》。余答大佳。……余返学校，读严书，一一如仲立言，查字典，黏贴纸条。读至一半，自嫌所查生字太多，惭以示人。并欲加速完工，不免轻慢，不再一一查注。既毕读，携书去仲立斋。仲立问余书中大义，及余读后意见，仲立听之不倦，时露喜色。……然仲立自此益亲余而加敬，屡赞余善读书，能见人所未见。……仲立言，今日起，当如前例，君试再取一书去。余言：愿续读严译，遂取架上严译穆勒《名学》一书。……余自读此两书后，遂遍读严氏所译各书，然终以此两书受感最深，得益匪浅，则亦仲立之功也。"（《师友杂忆》，页69—70）

然而也有人相当怀疑严复的眼光和学问："英人甄克思着《社会通诠》，侯官严复译述着录，其所言不尽关微旨，特分图腾社会、宗法社会、军国社会为三大形式而已。……严氏皮附其说，以民族主义与宗法社会比而同之。……夫学者宁不知甄氏之书卑无高论，未极考索之智，而又非能尽排比之愚，……以世俗之顶礼严氏者多，故政客得利用其说以愚天下；抑天下固未知严氏之为人也。少游学于西方，震迭其种，而视黄人为猥贱，若汉若满则一丘之貉也。……闻者不憭，以其邃通欧语，而中国文学湛深如此，益之以危言足以耸听，……就实论之，严氏固略知小学，……至于旧邦历史，特为疏略，……观其所译泰西群籍，于中国事状有毫毛之合者，则矜喜而标识其下，乃若彼方孤证于中土，或有抵牾则不敢容喙焉。……"（章太炎：《〈社会通诠〉商兑》，《民报》第12期，1906年2月）

我们可以用"同情的了解"来替严复辩解：（1）他的专业训练是海军，不是人文社会科学。（2）就算他有上述的缺失，当时全中国还有谁能同时翻译这些不同学门的典籍，而且还能加上内容这么丰富的案语？（3）章太炎能译案《原富》和《名学》吗？（4）在短短的案语篇幅内，岂能和章氏一样畅所欲言？（5）如表 3.3 所示，严复批评斯密见解的案语条数并不少；从第 4 章第 4.3 节的分析，也可以看出他绝不是一位"皮附其说"的译者。综言之，严复的中西学虽有可论之处，但中国若有百位严复型的译者，必是社会之福；章太炎从革命者的观点，批评"严氏一二狂乱之辞，而政客为之变本加厉者"，失之厚道。

略知严复诸书对社会的影响之后，再来看知识界对《原富》的反应。最有名的是梁启超在《新民丛报》1902 年第 1 期发表的《绍介新著〈原富〉》，文长四段，约 1500 字。第一段介绍作者与此书在西洋思想史上的意义，并大略解说五篇的内容。梁启超说"严译仅译第一第二编，其后三编尚未完成"，他所见到的是首二卷的译本（1901 年出版）而非全译本。梁启超认为"但全书纲领，在首二篇"，他尚未读到后三篇，如何能下此判断？若从经济自由主义的角度来看，此书的要点在第四篇（参见表 2.1），第一、二篇所着重的是基本学理，或许梁启超看重的是这个层面："但全书纲领，在首二编。学者苟能熟读而心得之，则斯学之根基已立，他日读诸家之说，自不至茫无津涯矣。"

第二段简短几行，介绍严复的译法："严氏于翻译之外，常自加案语甚多，大率以最新之学理，补正斯密所不逮也。其启发学者之思想力、别择力，所益实非浅显。至其审定各种名词，按诸古义，达诸今理，往往精当不易。后有续译斯学之书者，皆不可不遵而用之也。"

第三段是对严译的评价："严氏于西学中学皆为我国第一

流人物，此书复经数年之心力，屡易其稿，然后出世，其精善更何待言。但吾辈所犹有憾者，其文笔太务渊雅，刻意摹仿先秦文体，非多读古书之人，一翻殆难索解。夫文界之宜革命久矣，况此等学理邃颐之书，非以流畅锐达之笔行之，安能使学僮受其益乎？着译之业，将以播文明思想于国民也，非为藏不朽之名誉也。文人积习，吾不能为贤者讳。又吾辈所欲要求于严氏者有两事：一曰将所译之各名词列一华英对照表，使读者可因以参照原书，而后之踵译者亦将按图索骥，率而遵之，免参差以混耳目也；一曰着叙论一卷，略述此学之沿革，斯密氏以前之流派若何？斯密氏以后之流派若何？斯密氏此书中位置功德若何？综其概而论之，以饷后学。"我完全同意这段批评。

第四段是题外话，与《原富》无关。严复对这篇书评的回应刊在 1902 年第 7 期的《新民丛报》上，名为《与〈新民丛报〉论所译〈原富〉书》（下注：壬寅（1902 年）三月）。文分三段，首两段论译事与西学东渐之难，末段回答两项具体的评论：（1）英汉对译表，（2）对原书的介绍何以不全。"台教所见要之两事：其本书对照表，友人嘉兴张氏既任其劳；若叙述派别源流，此在本学又为专科，功巨绪纷，非别为一书不能晰也。今之所为，仅及斯密氏之本传，又为译例言数十条，发其旨趣。是编卒业，及一岁矣。所以迟迟未出者，缘译稿散在友人，遭乱抵滞，而既集校勘，又需时日。幸今以次就绪，四五月间当以问世。"这段话佐证了全译本是在 1902 年四五月间出版的（严复的"译事例言"是辛丑（1901 年）八月写的，吴汝纶的序是 1901 年十一月写的），梁启超所评论的是初译本的前两册。严复在此信末附一段详述他为何译经济学为"计学"，他在壬寅四月又函再论译为"计学"之苦心，刊在《新民丛报》第 12 期（此三信收录在《严复集》册三的页

513—519）。

梁启超知道此书的重要性，也明白一般读者阅读《原富》可能有困难，所以他在《生计学学说沿革小史》（1902—1904）第九章内，摘述此书的要旨："呜呼！斯密氏之学说，披靡西土者已百余年，今且为前鱼矣，为积薪矣，而其书乃今始出现于我学界（斯密《原富》译本去年始印行）。然乡曲学子，得读之者百无一焉，读之而能解其理者千无一焉，是岂不可为长太息也。吾今故略述斯密之性行学术，且举其全书十余万言，撮其体要，以绍介诸好学诸君子。……吾欲以此书为读《原富》者之乡导云尔。"

俞政（1997）对这个问题作了更深入的研究。他从吴汝纶、梁启超、孙宝瑄[1]等人的著作，以及1905年2月21—23日刊在《申报》的一篇文章《论禁米出口之无益于民生》，说明《原富》出版后不久在知识圈内已有明显的影响，"但局限在文化素养高而且喜爱西学的维新知识分子中"。虽然从吴汝纶和梁启超的反应，可以显示他们对此书的理解深度不够，但在孙宝瑄的文字和《申报》的文章内，可以看到《原富》的信息已经有效地烙下了印记。俞政认为如果《原富》的影响范围不大，严复的译文渊雅古奥只不过是表面性的次要因素，主要的原因是：20世纪初期中国遇到太多国难，大部分的注意力投注在救国图强性的政治军事问题上，对生计学理的注意力较少；对一本18世纪下半叶的英国经济学著作，很难期望中国

---

[1] 孙宝瑄在《忘山庐日记》（上海：古籍出版社，1983）内，有多页记载他阅读《原富》的感受，主要集中在1901年3月22日，4月3日、4日、10日、11日、14日、17日、20日和5月1日—4日的日记上（页336—357）。感谢潘光哲先生提供此项数据。孙宝瑄所读的是《原富》前三部（甲、乙、丙）的译本，后两部（丁、戊）要到1902年才全部出版（参阅本书第1章第1.2节对此书出版过程的摘述）。

读者会有明显的反应。俞政的结论是:《原富》在 20 世纪初期的境遇,可以说是 "生不逢时,曲高和寡" (页 9—11)。王亚南在 1962 年 1 月 13 日的《人民日报》上说《原富》的影响很小,甚至 "连纯学术的影响也谈不到" (林其泉,1993:90)。我想主要的原因,是当时的知识界对经济学尚无印象,或甚至以为这是 "言利之学",也许还有点鄙视的心态。

6.2 评估

以上是部分读者对《原富》的反应,接下来要问的是:以清末的经济环境,严复译介这本以反对政府干预、主张市场自由竞争、国与国之间自由贸易为主旨的《国富论》到中国,(1) 在学说上和时机上是否符合中国的需要?也就是说,严复从西方取来的 "经",对衰败的经济是一帖良方吗? (2) 政界和知识界的反应如何? (3) 和当时其他人士对经济政策的看法相比,有何不同?以下分点解说这三个问题。

6.2.1 《原富》对中国的经济实况帮助有限

当时中国已因列强的工业产品和鸦片倾入,国际收支赤字严重,这种状况有点类似 19 世纪初期的德国和 19 世纪中后期的日本:经济结构上还是以农业为主,社会上保守意识甚浓。按理说,当时中国所需要学习的对象,是 19 世纪德、日保护民族新兴工业的经济政策,以求在国际市场生存;而不是和殖民重商主义强权诸国一样,主张自由放任式的开放经济政策。

《国富论》反对重商主义、提倡自由贸易的说法,在英国自有其社会因素和经济条件，以及文化思想上的支持，此书后来对 1770—1870 年间自由经济的兴盛也有间接之功。但那套世界经济自由化的理论只对英国有利，对工业较落后的德、美、意、俄、日诸国而言，因为在国际市场上无法与英国竞争，很自然地就兴起保护主义的浪潮。其中以李斯特 (Friedrich List, 1789—1846) 所提倡的"国民经济"最具代表性。

李斯特在《国民经济学体系》 (List, 1841) 中明确指出：日耳曼诸邦的经济还停留在农业阶段，工业结构幼小脆弱，在无法与外国竞争的情况下，如果又相信斯密等人的国际自由贸易说，则必因工业的倾覆而败亡。李斯特并非完全反对自由贸易，而是认为各国应据各自的经济状况，调整其经济政策，先顾虑"国家"的经济自立，然后再谈"世界"经济的共荣。他的经济政策分为三个阶段：(1) 先鼓励国内自由贸易，使本国经济脱离原始落后的状态，在农业上求进步与发展；(2) 然后采取保护措施，协助本国新兴工业、渔业、对外贸易的发展；(3) 待国家经济达到某种成熟度时，再采取国际之间的自由贸易政策。他认为当时的英国已在第三阶段，而德国和美国仍在第二阶段，所以他极力批评"英国恶毒与奸猾的商业政策"：英国在 18 世纪主张国际经济自由化，犹如重量级拳王主张拳赛不应依体重来分级。

中国当时的处境还在第一阶段，而《国富论》是斯密在英国处于第三阶段时期的著作，在学说上和时机上都不合乎 20 世纪初期的中国所需。以中国当时的"病情"，或许应该去找德国、日本等有过"同病"的医生，开出保护的药方才较合情理。严复把英国居世界经济体系中心时期的经济政策，介绍到处于狂风暴雨中难以自保的中国，若想因而对中国经济有起衰振敝的作用，回顾地看来，恐怕是"找错了医生，开错

137

了药方"。①

再举一例说明英国的自由经济主义，并不是放诸四海皆准的万灵丹。梁启超在 1898 年"戊戌变法"失败后搭日本军舰逃亡，途中向舰长借得东海散士（本名柴四郎）所著的政治小说《佳人奇遇》。书中女主角红莲女士讲述爱尔兰独立运动的悲剧，正好与梁启超当时的心境相通；梁启超到日本后译此书在《清议报》上连载（1898 年 12 月 23 日至 1900 年 2 月 10 日），后收入《饮冰室专辑》之八十八。在页 12 有红莲女士对英国兼并爱尔兰的批判："盖英人之外交政略，谈笑之间藏以剑，杯酒之中置以鸩，狠似山羊，贪如狼虎，不可亲也。若为彼四海兄弟交通自由之甘言所欺，与彼贸易，招彼干涉，则土耳其、印度、埃及诸邦生齿日减，国力日疲，有独立之名，无独立之实。年年岁岁，贸易失均，输出金宝，虽非入贡，实如削国民之膏脂以贡于英廷也。然世人惑彼空理，陷于英人之术中，喝之不醒，可为浩叹也。"德国和爱尔兰人士对英国的感受是有历史根据的，柴四郎写这本政治小说的目的，是要对当时崇拜英国、提倡自由主义的日本社会提出警示。敏锐的梁启超，马上就理解到爱尔兰、德国、日本对英式经济自由主义的警惕心。

Bairoch（1993，第 2、3、4 章）从近代世界经济发展史（1815—1914 年）的角度，回顾了自由贸易和保护主义对不同经济发展程度国家所带来的利弊。他的见解是：19 世纪的经济自由主义，对开发中国家之弊远大于利，而保护主义之利则远大于弊。英国在 1846 年采取自由贸易政策时，国民平均工业

---

① 有人会争辩说：其实经济自由主义也不一定就不恰当。也有人会说：其实那时应采国家社会主义。还有人会说：在那种情境下，采取任何主义都没用，革命才是唯一的途径。这类的争辩永无终结之时，在此我只是表达一个角度的看法。

化的指数，已超过邻近的竞争性国家（法国、比利时、德国、美国、瑞士）两倍，当时她是世界工业的"拳王"，当然有能力主张自由贸易（不分级比赛）。

English英国制造品的平均关税率在 1875 年时是 0！当时的美国是 40%—50%（Bairoch，1993：24 表 2.2），可见各国关税率的高低是国际竞争力的指标。一百年之后在 20 世纪 80 年代时，英国的产业竞争力在国际市场上已衰退，她还能维持 0 关税吗？相对地，美国已成为新的"拳王"，积极主导"世界贸易组织"（WTO），主张各国应采自由贸易政策：美国进口物品中需要课税的项目，在 1978 年时只占 5.8%，而在 19 世纪 70 年代时却高达 46.7%（Bairoch，1993：35 表 3.1）。可见各国对自由贸易的观点，会随着本身主导地位的转换而变动。

从另一个角度来看，欧洲重商主义所追寻的是"财富"与"权力"，正符合严复要为中国追求富强的目标。为什么他舍弃重商主义（教人如何富强）或保护主义（教人如何生存）的著作，而去译介斯密这本追求经济自由主义、反对重商主义的著作？大概有三个原因：（1）严复未必知道有德国历史学派可供借鉴；[①]（2）当时世界智识的潮流以英国为马首，严复对英国的语言和国情又较熟悉，对德、法、日的经济学说较少接触；（3）严复译赫胥黎的《天演论》，在中国社会引起了"求强"的强烈呼应，所以想译介《国富论》以达到刺激"求富"的心态。我认为很有可能是《国富论》这个书名，引发了他译介此书的动机，而不一定是此书的内在逻辑或经济政策的优越性吸引了他。

———

① 严复在"译事例言"页 2 内，综述欧洲经济思想史上几位大家的名字与分析工具上的特色（见本书第 3 章第 3.1 节的引文），但未提及李斯特（1789—1846）。

6.2.2　知识界和政界的反应不热烈

目前所见谈论《原富》的研究，多集中在讨论严复案语中的"经济思想"，少见谈论社会大众对此书的反应。可能的原因是：（1）《原富》未能像《天演论》一样提出"物竞天择，适者生存"这样短洁有力，又正中急思国家强盛的大众的心态；（2）"中国士大夫以言利为讳，又怵习于重农抑商之说"，再加上严复用文言文译西洋经济学的名词与概念，中文读者要想了解这些抽象、陌生的名词，以及古老、遥远的西欧经济情势，会有很大的困难，所以共鸣较小。这也说明了何以《天演论》被热烈地接受，而《原富》却相对地被忽视。

对掌握实际经济决策的官员而言，他们深切了解中国的处境，也有强烈的求富求强之心，他们应该会比严复更切知自由竞争、开放中国市场的结果，所以想借着扶持新兴产业（如招商局、汉冶萍公司），来和国外企业对抗，可惜成绩不佳，被严复评为"盗西法之虚声，而沿中土之实弊"。晚清试图发展国家产业的政策或许没有预期的成功，但决策者也未必完全昧于事实，他们的基本路线还算合理，只是执行上的成效没达到国人的预期。

6.2.3　较有政治现实感的人士，有某些论点接近"德国历史学派"

梁启超在《生计学学说沿革小史》第五章末，很明确地说："重商主义在十六世纪以后之欧洲，诚不免阻生计界之进步，若移植于今日之中国，则诚救时之不二法门也。中国地大物博，民生日用之所需，可以无待于外。外货之流入中国也，以其机器大兴，故成货之劳费少而成本轻，制造巧而质量良也。使我能备此二长，则吾国所自产之物，必足供吾国人所求而有余，虽关税稍重，客货价腾，而必不至病民，是阻遏于所入之策可用也。……如是，则不惟在内可以为守，抑且对外而可以为战，是奖励于所出之策可用也。盖无论何人，必经数十年提携顾复，然后人格乃成，无论何国，必经一度之保护奖励，然后商务乃盛。……故今日如实行所谓重商主义者于中国，其劳费必逾少，而结果必逾良，有断然也。……"他对斯密反重商主义的看法是："故斯密之言，治当时欧洲之良药，而非今日中国之良药也。"梁启超是保护新兴工业论者，主张采取西欧式的重商主义政策。以清末的条件来说，若要施行经济自由主义，恐怕很快就被列强长驱直入；若要施行欧式的重商主义，那需要有强大的国力和军力作后盾，才能在世界市场上有一席之地，而中国哪有这种条件？

综合以上，我认为引入《国富论》来当作清末寻求富强的处方并不恰当，《原富》对当时的经济决策也没产生显著的影响力。从智识面来看，知识界并未因严复的译介，而对西洋经济学说有更明确、更系统的理解；西洋经济学真正传入中国是较后来的事，其中有一大半是通过留日学生引介的。

6.3 省思

经济思想史和人文思想史所处理的题材虽然不一样，但基本原则是互通的。经济思想史的研究可分为绝对主义与相对主义两个角度：绝对主义是以严谨的立论，说明、比较、分析某项主题（如价值理论、工资理论、利润理论），看它是如何从粗糙的概念，逐渐趋向圆熟；相对主义则视某项理论之所以会在某个时期成立，一定要考虑它的时代条件，并从这个角度去做同情的了解。

本书显然是属于相对主义，因为目的是想进一步了解一套陌生的文化体系（以经济学的"开山之作"《国富论》为例），在和完全无此种词汇与概念的中文读者初次交会时，所发生的扭曲、误解，或甚至是"语意膨胀"的现象。（经济）思想史研究者的立场是在了解而不在判断，但在研究的过程中难免会对所研究的问题产生见解。虽然我认为《原富》在经济政策方面对中国不见得适用，但我并无责难严复之意。

我对严复的译文非但无责难之意，而且还相当尊敬。试想在无前例可循的环境下，要翻译一本难度这么大而且非他专业领域的巨著，若无严复的苦心，中国知识界可能还要再等二三十年，才有可能（通过日译本转介）知晓这本重要的著作。诚如他对张元济所说的："……有数部要书，非仆为之，可决三十年中无人为此者；纵令勉而为，亦未必能得其精义也。……"（《严复集》页 525—526）这恐怕是实情。严复译案《原富》过程中的误解、扭曲、语意膨胀、借题发挥、托译言志，是两种迥异思考体系交会时，译者在无法超越原著的文体与内容，而又急切地想以那套思想来激起国人的意识时，所产生的惊人结果。

《国富论》中所提倡的经济自由主义，在 1870 年以后的英国，已被国家主义和新帝国主义取代。英国在 20 世纪初期，社会主义已兴起（如费边社），自由派人士已被视为"保守反动的托利"（toryism），而中国还在从这些"半属旧籍，去时势颇远"（梁启超语）的著作中寻找真理，甚至还找错了药方(例如应找德国历史学派，而非古典经济学派)。换个角度来说，经济自由化并不是超越时空的真理，而是深受实质环境条件的决定：20世纪初期在中国谈斯密的《国富论》，基本上是错误的；但斯密的自由经济论，对20世纪八九十年代的中国台湾和20世纪90年代的中国大陆经济，则是恰当的处方。

其实经济自由主义只是斯密政治经济学体系的一个方面，他深受法国重农学派的影响，在《国富论》内也倡导重农主义、自由放任、市场竞争、最小政府、反对重商主义。即使严复赞同斯密的经济自由主义，但在清末那种强国图存的意识高涨、工商救国论高举的时代里，严复未必会赞同斯密的重农论、最小政府论和反对重商主义论。

我们不能因为严复介绍或认同了斯密的经济自由论，或是认为经济自由化很有可能挽救清末凋敝的经济，就推衍说《国富论》是中国救亡图存的明镜。重农主义、最小政府、反重商主义、自由放任等等，都是斯密学说的一体诸面，我们不能因为斯密的自由经济说对中国可能有益，就忽略了他所倡导的最小政府论对中国可能产生的弊害。深浸于儒家思想与文化气氛、热烈响应"物竞天择"说的清末读者，能接受斯密的"经济自利说"、"看不见的手定理"和"不干涉主义"吗？严复在译此书时，真的理解到这个可能会产生负面效应的内在逻辑吗？斯密的这几个"自利"面向，对清末的经济情势真的会有积极的贡献吗？这些问题都存在很大的争论，我对这几个问号的初步反应都是否定的。

143

6.4　后续研究

如表 2.1 所述，《国富论》有五篇三十二章近千页，所分析的内容，从分工到利润、到资本累积、到殖民地、到公债；所分析的方面，从经济学原理、到经济史、到经济政策，可以说是既广阔又博杂。我这本小书，只对严复译案的《原富》做了较全面的开头工作，许多个别的题材和分析角度虽然已经意识到，但实在远超过我的能力范围。我在本书中只做到举例的层次，来看严复如何译案《原富》，取材也大都来自严复写的案语。正如第 3 章第 3.2 节的注释①所提到的，我完全没有对比严复的译文和斯密的原文，主要是因为本书的对象预设为一般文史读者，而我也深深地感到，很可以再从经济学和经济思想史的角度，来分析严复的翻译。这可以有好几种途径。

首先，最有系统也最直接的做法，是逐章的对比和分析。从第一篇第一章的论分工做起，看严复是如何翻译的，看他对哪些关键词和主要论点，做了哪些不同的陈述与诠释。他为什么要这么译？是受了哪些限制？是另有用意或是单纯的误译？单从这个角度，就可以写出 32 篇分析型的论文。也只有这样做，才能深入理解《原富》在中西文化概念交流上，在中国近代经济思想史上的意义。

其次，也可以从严复的译文来看他对几项经济问题的理解，以及这些理解和斯密本人的学说有何异同，例如：对市场机能的运作理解，对价格和资源分配的一般均衡观点，对经济成长的概念与分析手法，政府的职责与限度。这类的问题随手可得。

　　我在第 4 章第 4.4 节 "余论" 内提到 Hollander(1973，1987)，他分析斯密经济学的角度就更动态化，更能深入探讨《国富论》内部的架构性问题。他所处理的题材，例如分配理论、技术进步等等，也都可以拿来看严复的译文是否能展现出这些方面的问题意识；如果不能的话，就更可以看出他的译文有哪些缺陷。

　　《国富论》第三篇的主题是西欧经济发展史，我们也可以从严复的译文和案语，来分析他对经济发展的理解；从史实和原理两方面，看看严复是如何对比中国和欧洲的经济状况，以及他认为中国何以会停滞落后。第四篇是经济政策，第五篇是公共财政，这两个主题更是严复的关怀要点。我在本书的第 5 章，只从严复的案语来看他的经济见解，这当然是不够的。我们还需要从他的译文，来看他与斯密的见解有哪些差异，才能显示出严复 "未明言" 的经济思考模式。

145

　　《国富论》这本近千页的大作，两百多年来在西方经济学界一直都还是探索的对象，在显示着这是一本 "有挖头" 的著作。西方研究此书的问题意识，当然也是我们研究严复译本的好借鉴。如果能在做好这个方面的工作之后，再回到严复思想的研究上，说不定对中国近代（经济）思想史的研究，会产生丰硕的成果。从本书第 1 章第 1.4 节所列举的文献，可以看到学界对严复经济思想研究所做的努力还很有限。这是一个群体接力型的大题材，我现在只跑完其中的一小棒而已。我下一棒的目标，已在第 3 章第 3.2 节的注释①内说明了；但那是和别人合作的计划，进度不易掌握。

附　录
西洋经济思想对晚清经济
思潮的影响

　　这篇附录的主旨和本书的内容并不直接相关，我用表格的形式来解说，在严复之前和同一时期，有哪些西洋经济思想对晚清的哪些人物产生过怎样的影响，希望能提供一个较宽广的视野。这不是原创性的研究，只是个景观性的大貌，纯是大要性的对照。此文原刊在《新史学》第二卷一期（1991 年 3 月），在此略作文字上的删修。

　　我平常最不喜把人物分派别、戴帽子，但为了表格的大略分类方便，我还是依照所据的参考著作来作这种派别性的分类。这种做法较简洁，但也难免冤枉其中某些人物的个别真意；所以此文仅供浏览，知其大意即可。

1　绪论

　　本文旨在：整理出晚清经济思潮的 11 种类型，进而探讨西洋经济思想在晚清经济思潮中的位置，以及它的影响层面与程度。通过 4 个表格的比照后发现：（1）晚清经济思潮有从重农转为重工商的倾向；（2）西洋思想引入之后，最争执的问题不再是本（农）末（工商）之争，而是转为自由放任与保护主义之争；（3）西洋经济思想虽然广泛地影响了知识界，但在具体的经济政策上并未有过明显的影响。

1.1　命题与大纲

在晚清政治经济激烈变革的过程中，在那个中西思潮夹杂的时代里，经济思想可以分为哪几种类型？西洋经济思想曾经对哪些人产生过启发性的作用？这些思潮在晚清、民初经济的政策方向上发生过哪些影响？这是一项经济史与经济思想史混合的题材，附录第 1 节说明本文的命题并评述相关的文献，附录第 2 节诊判晚清经济病症的历史根源，内容是要厘清 1840 年鸦片战争之后，中国的经济在财政、贸易收支、工业各方面暴露出众所熟知的各种问题与症结。我认为这是一项长期经济结构演变的必然结果。

了解了基本病情之后，附录第 3 节分析当时各界人士曾经提出过哪些不同的药方。这些人士大约可分为哪些派别？各自具有哪些特色？他们所秉持的理念分别得自哪些传统？他们对经济问题的观点与所提出来的对策，各有哪些异同？（详见附录 1、附录 2）附录第 4 节把受过西洋经济思潮影响的人物剥离出来，分析他们受到了哪些国家（英、日、德、法、美）的影响，以及受到了哪些经济思潮（重商主义、重农主义、自由经济主义、保护经济主义）的影响（详见附录 3、附录 4）。附录第 5 节作了五项结论，另在"余论"中举出与本研究相关的五项题材，可供进一步研究。

1.2 文献评述

在晚清经济的基本资料方面，Feuerwerker（1980）和严中平（1955）《中国近代经济史统计资料选辑》所提供的统计数字，已经足够当作本文的背景资料。在解说性的专著方面，王方中（1982）《中国近代经济史稿：1840—1927》已有充分的描述。这三份文献提供了许多的"事实"，但缺乏较分析性的判断与解说。本附录第2节不拟用既有的数据来描绘晚清经济的各种病情，以避免重复上述文献的内容，所要强调说明的是：这些病症只是在列强入境时发作得更明显而已。

在经济思潮的方面，现在已有大量的出版物。我运用的材料主要是侯厚吉、吴其敬主编的《中国近代经济思想史稿》（1982—1984）三册，以及赵靖、易梦虹（1982）主编的《中国近代经济思想资料选辑》三册。这两部数据都是依人物编述，内容以一般性的叙述为主，是很好的基本数据。我运用这些史料来建构附录第3节"经济思潮的类型"，并作为附录第4节"西洋经济思想的影响"的主要材料。此外也有巫宝三、冯泽、吴朝林（1959）编的《中国近代经济思想与经济政策选辑：1840—1864》，但这份材料只到1864年，对1870—1911年这段较相关的时期并未涵盖到，幸好这已被赵靖和易梦虹（1982）的资料补充了。[①]

一个世纪之后的现在，一则各项统计数字和相关的基础数据越来越齐全，二则现代经济学的概念越来越丰富，三则相关

[①] 胡寄窗（1982）《中国近代经济思想史大纲》也可参考。大陆学者在这方面的著作不算少，但处理的手法与内容大同小异。侯家驹（1982）可算是台湾学者中唯一有专著的一位，但他也是一番较通史式的处理。

的研究文献已逐渐解决了部分的问题。所以本研究能在前人所提供较坚实的基础上，进一步处理一个较特定的角度：西洋经济思想在晚清经济思潮中的位置。

2 晚清经济症候的历史根源

20 世纪 50 年代以来，中西学者对晚清经济的研究相当丰富[①]，就本文的目的而言，Feuerwerker（1980）的 22 个统计数字表格，已经很能充分说明所需的具体事实，在此不拟用数字重复叙述晚清经济的结构与特质，而把重心放在之所以会如此的历史根源上。

我认为晚清经济的恶劣结果，源于宋朝前后。宋以后中国经济问题出现了致命的弱点：掉入了马尔萨斯的陷阱，也就是说，人口急剧（几何式）的增加，而粮食的增产（算术式）却赶不上，这个问题具体地表现在土地与人口的比例上。赵冈、陈钟毅（1989）《中国农业经济史》（表 1.9）的计算显示：公元 146 年时土地与人口的比例是每人平均有 10.76 市亩，中间经历各代兴衰，数字也上下波动，但趋势则明显地往下走，到了 1887 年时每人平均只有 2.82 市亩。在无技术创新的情况下，若人口的增长率大于耕地面积的增长率，就会使农业部门的边际生产力下降，甚至会产生负值，造成土地负荷不了人口的情形，也造成了隐藏性的失业人口。老旧的帝国引擎带不动超载的飞机，更谈不上起飞了。这是宋代以后中国进入长期停滞的一个主因，那是一种长期缓慢的结构性恶化过程。

149

---

① 有关中国近代经济衰败的历史根源，有下列几篇论文可以参考：
Bergere（1984）、Elvin（1984）、Feuerwerker（1984）。

到了 19 世纪中叶，中国衰败的经济和西洋年轻力旺的经济交会时，这些缺点就更明显地暴露出来。土地养不起过多的人口，整个社会以求生存为主，无余力累积资本（同时也缺乏投资环境），在市场的有效需求不足、技术无创新的状况下，各行业的利润率普遍降低。当西洋工业制品以机械自动化、低成本、高效率、高质量的优势侵入时，中国的经济不堪一击是必然之事。此外，战争赔款更勒紧了中国的咽喉；国际收支的赤字使公共部门更为窘迫；钱银外流、钱币贬值、外货打倒土货、农村人口失业，产生了一连串的骨牌效应。这些都是耳熟能详的事，前述的文献也都有相关的资料能证实。

这种危机和从前的异族入侵不同：除了军事危机之外，又多了一个前所未遇过的经济危机，而且是结构性的劣势。中国经济必须振作起来和西洋对抗，我们看到招商局、制造局、汉冶萍公司、纺织厂、面粉厂等所谓的民族工业大量地出现；也看到许多路线上与政策上的争执：船坚炮利论、中体西用说、以夷制夷策、官督商办、官治公司、官商合办。在这些新说法和新制度的背后，隐藏着好几股不同的思潮，有些派系的经济提议被采用了，有些则停留在论说的层次上。从经济思想史的角度来看，这些思潮的类型和异同点，是先要厘清的对象。

3 经济思潮的类型

3.1 依派别区分

本小节旨在分析晚清 70 年间（1840—1911），曾经出现哪几种不同的经济思潮，并说明各派的观点与传承，以及他们对经济问题的各种主张。晚清经济思潮的情势混乱，各路各派的建言庞杂枝芜，所集印出来的数据需要简化厘清，才得以略窥其貌与本质。本小节的主要内容是把侯厚吉、吴其敬《中国近代经济思想史稿》三册的成果简化，以求纲举目张。

大陆学者对这个领域的研究，有侯厚吉、吴其敬（1982—1984）主编的《中国近代经济思想史稿》，赵靖、易梦虹（1980）主编的《中国近代经济思想史》，而目前台湾对这个领域的研究，在史料上不如祖国大陆学者齐全，研究人员也太少，所以可倚靠这些著作。

从附表 1 可以看出晚清的经济思潮可分为 11 类（派别），在正文之中不再重述其要点。我们可以得到几项初步的印象。第一，某位被归属于某派（例如地主阶级改革派）的人士，很有可能会有其他的想法，不是那么固定都在那个"派"的范围内。比较合理的分类法，是要依每位人士对不同问题所提出的不同看法来归类，例如在附表 2 中我使用重商主义、重农主义、保护主义、社会主义、自由放任主义来区分。这种分法也会遇到一些困难，但更具有经济意义。第二，就算依附表 1 设定的分类标准，要把那许多复杂人物对各种事务的想法，简要地表达在第三栏内，也必然会大规模地走样。所以这只是一个概似的表格，当作提示之用。第三，这 11 种分类中以最后一项最不合理，因为那并不代表一个思潮，所以很难明确描绘这派人士的特征。这些人是实行政策者，而非思潮的影响者，原书之所以有此分类，政治的意味远多于经济思想的实质意义。

附表 1　晚清经济思潮的类型

	派别名称	主要代表人物	对经济问题的基本看法
1	地主阶级改革派（鉴于中国社会内部的危机和外国殖民势力的入侵，地主阶级中少数开明人士以匡时救世自许）	包世臣(1775—1855)林则徐(1785—1850)龚自珍(1792—1841)魏　源(1794—1857)	(1) 批评政治、社会、经济上的弊端，希望在既有的基础上改革。(2) 总体政策上主张"农宗"、"有田富民"，行政上主张减赋、限田、利商、屯垦等便民措施。(3) 仍以传统的农本商末、倡俭、义利为诉求。
2	地主阶级顽固保守派（外国势力已侵入，中国的危机已很明显，但仍以先秦孔孟及宋明理学为思想根源，反对改革）	徐　鼒(1801—1862)孙鼎臣(1819—1859)	(1) 强调传统的重义轻利、黜奢崇俭、重本抑末，忽视商品、货币经济的发展。(2) 提出"保富"论，旨在保护地主与富民："富民者，所以助君相养贫民者也。"(3) 主张重农抑商："凡士工商贾，均赖食于农，故农为天下之本务，而工贾皆其末也。"
3	鸦片战争前后对外妥协派与投降派（主张对鸦片弛禁，对鸦片贸易采取妥协的态度）	许乃济(1777—1839)黄恩彤(1801—1881)	(1) 主张对鸦片弛禁，以解决财政问题，挽救清朝危机："鸦片烟例禁愈严流弊愈大。"(2) 鸦片贸易合法化，政府可从中取利。(3) 提出"通商攘夷论"，认为"夷只能攘，不能剿"，"遽欲与之争能，勿亦揣本而齐末乎？"
4	太平天国革命运动领导人物	洪秀全(1814—1864)洪仁玕(1822—1864)	(1) 废除既存的社会经济制度，制定以平均主义为基础的"天朝田亩制度"：天下人平分天下田。

	派别名称	主要代表人物	对经济问题的基本看法
			(2) 废除个体私有，平分一切财富，排斥商品货币经济，禁止家庭生活。 (3) 在提出这个农业社会主义乌托邦时，也顾及到现状，所以仍然要"士农工商各安恒业，照旧交粮纳税"。
5	太平天国时期地主阶级（反对太平天国，并与外国有较多的来往，开始了洋务事业的想法）	王茂荫 (1798—1865) 冯桂芬 (1809—1874) 曾国藩 (1811—1872) 汪士铎 (1814—1889)	(1) 基本上仍以农为本、商为末，反对厘金制。 (2) 主张向西方学习，并开始付诸实现，学习西方军事工业的技术，培养翻译人才。
6	洋务派（清朝主政人员，主张师夷制夷）	郭嵩焘 (1818—1891) 李鸿章 (1823—1901) 张之洞 (1837—1909)	(1) 产生军事工业与民用企业的想法。 (2) 主张兴办民用企业以求富。 (3) 提出中体西用的口号。 (4) 主张与外国通商："西人通商为义，本无仇害中国之心。" (5) 举借外债兴办企业，与外国签订航运权，中外合资办企业。
7	封建顽固派（反对洋务派的做法，排斥外国事物）	刘锡鸿 (18?? —18??) 曾廉 (1857—19??)	(1) 反对学习西方变法维新。 (2) 中学优于西学，西学源于中学。 (3) 祖宗之法不可变。 (4) 中西国情不同，中国重农，外洋重商。 (5) "享利在官，受害在民，官之利有限，洋人之利无穷"；"大抵

	派别名称	主要代表人物	对经济问题的基本看法
			皆奸黠者蒙利而良儒者受其害"。
8	资产阶级改良派（以改革社会为主旨，从中国传统文化中吸取思想资料，并接受西方的新思潮，主张"器变道亦变"）	王 韬 (1828—1897) 薛福成 (1838—1894) 郑观应 (1842—1921) 马建忠 (1845—1900) 胡礼垣 (1847—1916) 黄遵宪 (1848—1905) 严 复 (1853—1921) 陈 炽 (1855—1900) 康有为 (1858—1927) 何 启 (1859—1914) 谭嗣同 (1865—1898)	(1) 采西法与变法以图强。 (2) 发展民族资本工商业。 (3) 反对洋务派的垄断式企业经营方式，并批评其腐败与黑暗。 (4) 主张通商便民。 (5) 仿效西方国家，实行预算、决算制度。 (6) 批评中学为体、西学为用，强调政治改革，认为"议院上下同心，教养得法"，才是学到西方"富强之本"。
9	资产阶级革命民主派（以主张革命推翻清朝为志）	孙中山 (1866—1925) 章太炎 (1868—1936) 廖仲恺 (1877—1925) 朱执信 (1885—1920)	(1) 向西方找寻新的可能性（政治、科技、思想）。 (2) 以革命手段推翻清朝，才有可能缔造新中国。 (3) 学习西方的社会制度：大资本国有、土地国有。 (4) 引入社会改良主义、无政府主义、马克思主义等西方思潮。
10	君主立宪派（辛亥革命前后主张君主立宪的人士）	张 謇 (1853—1926) 梁启超 (1873—1929)	(1) 反对革命，主张在改良清政府的条件下和西方保持政治与经济的关系。

	派别名称	主要代表人物	对经济问题的基本看法
			(2) 反对土地国有化。 (3) 主张发展大资本企业，反对国有化。 (4) 利用外资建设中国。 (5) 反对社会主义经济制度。
11	清末民初买办官僚（清政府中的实业兴办者）	盛宣怀 （1844—1916） 周学熙 （1865—1947）	建立国家企业、金融业、工业。

说明：

1. 派别名称是根据侯厚吉、吴其敬（1982—1984）的分类方式。

2. 各派别对经济问题的主要看法，均摘自同书各章的综述部分。

3.2 依经济政策区分

附表 2 是依经济政策的属性来区分，所根据的资料以附表 1 的内容为主，旨在通过不同的分类方式呈现出不同特质。从附表 2 的符号可以观察到两个现象：（1）在第 7 派以前（约 1880—1890 年），重农主义的倾向很强烈，之后则明显地有重工商业的取向。（2）第 8 派（资产阶级改良派）的人物最多（见附表 1），意见也最纷杂，甚至有相背的主张，有人主张自由放任（如严复），又有人主张保护政策（如梁启超，参见附表 4）。这个初步的比较，会在附表 4 中进一步厘清。（3）附表 2 只是个大略的示意，把各派较强烈的诉求对照出来而已。

附表 2　依派别与经济政策区分

	派别名称	重农主义	重商主义	保护主义	自由放任	社会主义
1	地主阶级改革派	+				
2	地主阶级顽固保守派	+				
3	鸦片战争前后对外妥协与投降派		+		+	
4	太平天国革命运动领导人物	+				+
5	太平天国时期地主阶级派	+				
6	洋务派		+			
7	封建顽固派		−			
8	资产阶级改良派		+	+	+	
9	资产阶级革命民主派		+		−	+
10	君主立宪派		+	+	−	−
11	清末民初买办官僚		+	+	−	

说明：

1. "+"代表主张，"−"代表反对。

2. 本表是根据附表 1，再依经济政策分类。

4　西洋经济思想的影响

依照附表 1 的分类来看，晚清受到西洋（与日本）经济学说影响的，大概有第 5、6、8、9、10 等五派。就此点而言，有下列几点说明：（1）太平天国明显受到西洋宗教色彩的影响，同时也有中国古代大同思想和一些儒家的传统。但他们从西洋经济学说得到的影响很有限，所以未予计入。（2）第 11 派依前所述，并不构成有意义的一组，所以也未计入。（3）晚清到民初的经济思潮中，大概从太平天国的下半期起，就明显地受到西洋经济观点的影响，而且越后期色彩越鲜明，这在附表3、附表4中可以见到。（4）保守势力（第7派）从头到尾一直都存在着，人数也不少，只是在热闹的思潮争奇斗艳中，在表面上（例如依附表1的分法）被比了下去，实际上他们一直都是不容忽视的。（5）虽然第5、6、8、9、10这五派的主要人士都稍知洋务，但不一定受过西学的影响。有些人只是在做法上有些新观念，或有洋务的经验，所以第5、6两派的人物（如曾国藩、汪士铎、冯桂芬等人），就不应计入"受西洋经济学说影响"的范围之内。

所以本节的焦点就缩小到第8、9、10这三派人士上，然后把人物限定在学习过西方学说的特定对象上。我的做法是打散附表1的派别分类法，依出生年序来比较这些人士思想的来源国别，他们的主要原则和理念和他们对经济政策的主要建言。这些内容分述在附表3，虽然是简要地表达，但已足够对照出主要的特质。

仿照附表2的方式，附表4也是依经济政策的路线来区分。附表4的特点是：这些人物的经济观点受到西洋经济现象与学说的影响，但各人所受到的影响来源不同（国别不同、经济理念上的派别也不同），他们对经济政策的观点也因而有异，以下分几点析述。

（1）附表4用五项"主义"来对照，这是依照西洋经济思想史的架构来区分。晚清人物中有不少观念放不进这个框框内，例如康有为的《大同书》、谭嗣同的《仁学》，这些著作都有经济含义，但较属于抽象性的描述，为了比较上的方便就未能纳入了。

（2）若以地理区位来分别，则以英国和西欧居首位，日本

附表3　西洋经济学说的影响

	人物	影响来源	主要诉求	政策建议
1	王　韬 （1828—1897） 江苏长洲	受英国传教士影响，1867—1870年间在英国，留心西学；1880年代写作许多文章介绍西方国家状况。	1. 参用西法以变法自强。 2. 除了学习船坚炮利之外，也应学习西方的治民之法。 3. 学习西人之长，提高中国水平，将来中西世界会出现"合于一机"的大同世界。	1. 仿英国行君主立宪制。 2. 原先主张重农抑商，后来改为"恃商为国本"的观点。
2	薛福成 （1838—1894） 江苏无锡	曾任曾国藩、李鸿章幕僚，1889—1894年以三品京堂充出使英、法、意、比四国大臣。	1. 主张变法，振兴商务、藏富于商。 2. 主张效法西人，认为"西法为公共之理"，而非专属西人。	1. 鼓励"商政"：恤商、励商政策，鼓吹西方的股份公司制度。 2. 提出"机器殖财养民说"。 3. 介绍西方"量出为入"的财政观念，中国惯用量入为出的观念已不适用。
3	马建忠 （1845—1900） 江苏镇江	弃绝科举，学习外文。1876—1880年留学法国，历任郭嵩焘、曾纪泽翻译官，周历西欧诸国。	1. 主张自由发展民营工商业，反对洋务派的干涉主义。 2. 提倡重商业的富民论。 3. 主张借外债建设铁路与商务。	1. 国家"其求富之源，以通商为准"。 2. 实行保护关税政策。 3. 金银为财富，应积极开采金银矿。 4. 主动向西方民间贷款，避免向外国政府举债而受其控制。
4	黄遵宪 （1848—1905） 广东梅县	1877—1882年间任使日参赞，是第一位有系统把明治维新介绍到中国的人士。	1. 著《日本国志》，以日本维新作中国借鉴。 2. 办《湘学新报》积极参与变法。	1. 发展工商业，"听民为之"（劝工重商）。 2. 主张保护关税政策。 3. 建立预算与决算的财政制度。

	人物	影响来源	主要诉求	政策建议
		1882—1885 年间任驻旧金山总领事，1890—1892 年任驻英二等参赞。	3. 急进的主张学日本、西欧。	4. 主张以金属货币为主，纸币为辅，并应有金银准备，以防通货膨胀。
5	严复 (1853—1921) 福建福州	福建船政学堂 (1867—1871) 后留学英国学海军 (1877—1879)，译介《原富》、《天演论》等书，对近代中国思想启蒙有很大的影响。	1. 受亚当·斯密影响，主张自由经济论。 2. 反对重农主义（重本抑末）。	1. 反对关税协定。 2. 反对政府对经济的干涉与管制。 3. 不主张金属货币本位，而视货币为"计算符号"。 4. 仿西方采用按物价指数调节财政收支。
6	陈炽 (1855—1900) 江西瑞金	曾任户部、刑部郎中等职，博览中译西书。	1. 为救中国之贫弱而著《续富国策》。 2. 主张"博采泰西制器尚象之理，强兵富国之原"。 3. 反对空谈义、不言利的旧文人心态。	1. 振兴商务是向西方学习的主要内容。 2. "劝工论"："工者，商之本也，生人利用之源也。" 3. "务农殖货"论："商之本在农"，但他并非传统的重农抑商论者。 4. 提出改革币制的一套建议。
7	康有为 (1858—1927) 广东南海	1879 年"薄游香港，……始知西人治国有法度，……治术之有本，……大购西书以归讲求，……始尽释	1. 说明人的情欲、物欲之本质，应依民性之所利而利导。 2. 宣传天赋人权、平等博爱。 3. 以"三世进化论"倡说大同之治。	1. "纵民"举办工业，使中国成为工业化国家（"定为工国"）。 2. "行钞法、铸币"：制定银为本位，抵禁洋圆。 3. 提出"物质救国论"（反对民主革

	人物	影响来源	主要诉求	政策建议
		所见"。变法失败后逃往日本,亡命海外15年,历游西欧诸国。		命)、"金主币救国论"(主张金本位)、"理财救国论"(用银行体系流通资金、创造信用)。
8	何启 (1859—1914) 广东南海 胡礼垣 (1847—1916) 香港	留英十余年,在香港任律师、医生,以英文写作,由胡礼垣中译。胡幼居香港,到过英国、日本,与何启长期共同发表论述。	1. 振兴商务,发展本国工商业。 2. 提倡变法,反对政府干预,主张自由经济。 3. 政策应因时因势而订。	1. 政策应符合:平理、近情、顺道、公量。 2. 以通商营利为目标,建议发展铁路、轮船等关联产业。 3. 改革财政制度与人事、实行预算与决算,并简化税制。
9	谭嗣同 (1865—1898) 湖南浏阳	屡试不第,与梁启超等人办报、创学堂、提倡西学。后受光绪超擢襄赞新政,失败就义,年仅34。	1. 激烈地提出"尽变西法"。 2. 自创"仁学",强烈地反专制,宣传民主、自由、平等。	1. "财均以流":富人应多消费并多投资工商业。 2.废除厘金税,采用西方的印花税。 3. 提出与一般观念相反的"黜俭崇奢"论:类似"消费不足理论"。 4. 主张贸易保护主义:"入口重税,出口免。"
10	孙中山 (1866—1925) 广东中山	1879—1883年在夏威夷受初中与高中教育,1882年在香港西医学院毕业,系统地受了西方的自然科学教育。经济思想主要是受到	1. 初步引入较具改良性社会主义的经济制度学说。	1. 节制私人资本(得自马克思) 2.平均地权(得自亨利·乔治)。 3. 发达国家资本(得自西欧的社会主义) 4. 主张废金银本位,以货物为基础发行纸币。

	人物	影响来源	主要诉求	政策建议
		美国亨利·乔治与英国"费边社"的影响。		
11	梁启超(1873—1929)广东新会	变法失败后逃往日本,积极引介西方学说,起了相当大的启蒙作用。	1. 介绍许多西方经济、政治、社会科学的理论与知识。2. 以"中西国情不同论",反对社会主义和马克思主义。	1. "机器固为富国第一义"。2. 与谭嗣同一样提倡富人应多消费与投资。3. 赞成保护关税政策,反对自由经济论。4. 中国应组织托拉斯以与列强对抗。5. 反对土地国有化。
12	廖仲恺(1877—1925)广东惠阳	生于旧金山,少年时在美国读书,1893年返国。1902年赴日本进早稻田大学经济预科、中央大学政治经济学科。译亨利·乔治《进步与贫困》的"自序"文。1919年任孙中山政府财政部长。	1. 孙中山的得力助手与孙文学说的宣传者。2. 晚年主张中国应建设成苏联式的社会主义国家。	1. 提倡社会主义制度的生产与消费体系;倡组消费生产等各种合作社。2. 反对马尔萨斯人口论,认为中国人口只患少不患多。3. 他不是一位创见者,所言内容不超过孙中山的范围。
13	朱执信(1885—1920)广东番禺	1904年留日遇孙中山,加入同盟会,阐扬孙中山的三民主义,并介绍《资本论》	1. 用进化论、唯物论、无神论来解释社会经济现象。2. 接受西洋古典经济学与社会主义思想的影响,	1. 反对自由放任政策。2. 社会经济组织的不完美造成贫富差距。3. 不主张废除私有财产、绝灭竞争,但

续附表 3

人物	影响来源	主要诉求	政策建议
	与《共产党宣言》。在日本留学，专攻经济学。	著述介绍这些想法给国人。3. 孙文学说的重要宣传者。	不允许土地私有。 4. 提倡铁道、通讯、运输应属社会主义的国有。 5. 建议仿俄国的"劳动军"在特定地区改造社会。 6. 主张废金本位，改用"米"本位制。

说明：

1. 本表人物的编排顺序，系依出生之年排列。

2. 取样自附表 1 第 8 至 10 派内曾受西洋学说明显影响之人物。

3. 资料来源是侯厚吉、吴其敬（1982—1984）：《中国近代经济思想史稿》第二册第四章以下，以及第三册中相关人物经济思想的评述。

次之，然后是美国，这项结果和一般的印象相符①。

（3）若以思想家来区分，除了亚当·斯密对严复、梁启超以及一般知识界有较广泛的影响外，亨利·乔治对孙中山（及其跟随者）的土地政策也有明显的影响。马尔萨斯的人口论也引起过争辩，但并无具体化的政策意义。大体而言，对晚清经济思潮有影响力的西洋经济思想家并不多，主要原因应是他们的著作未为中国知识界所熟知。

（4）孙中山、廖仲恺、朱执信三人应可算入同一派，因为廖仲恺、朱执信两人基本上是在阐述孙中山的观点，没有比较有建设性的贡献。虽然康有为和梁启超在各方面的关系密切，但就经济思想面而言是迥异的：康有为较抽象，梁启超较务实。

（5）就专业训练而言，只有廖仲恺和朱执信两人受过正

① 若以附表 3 中 13 位人物的籍贯来分，则全是南方人，且以沿海省份为主：广东（7 人）、江苏（3 人），福建、江西、湖南各 1 人，这提供了"革命起自南方"的佐证。

附表4 依人物与经济政策区分

	人物	影响来源	重农主义	重商主义	保护主义	自由放任	社会主义
1	王 韬 (1828—1897)	英国	+	− （早期） + （后期）			
2	薛福成 (1838—1894)	英国与西欧		+			
3	马建忠 (1845—1900)	法国与西欧		+	+		
4	黄遵宪 (1848—1905)	日本、美国		+	+		
5	严 复 (1853—1921)	英国 (Adam Smith)	−	+	−	+	
6	陈 炽 (1855—1900)	英国 (Adam Smith)		+			
7	康有为 (1858—1927)	西欧、日本		+		+	
8	何 启 (1859—1914) 胡礼垣 (1847—1916)	英国 英国、日本		+		+	
9	谭嗣同 (1865—1898)	西欧			+		
10	孙中山 (1866—1925)	美国、英国		−			+
11	梁启超 (1873—1929)	西欧、日本		+	+	−	−
12	廖仲恺 (1877—1925)	美国、日本					+
13	朱执信 (1885—1920)	日本				−	−

说明：

1. "+" 代表主张，"−" 代表反对。

2. 本表系根据附表3，再依经济政策分类。

附录 西洋经济思想对晚清经济思潮的影响

163

规的政治的经济学教育①，但两人在观点上的"原创性"与影响力，却远不如其他"边做边学"的人物（如孙中山或梁启超）。

（6）晚清对经济事务提出建言的人物很多，受过西洋经济思想影响的人也不少，但附表4所采用的"样本"是侯厚吉、吴其敬的《中国近代经济思想史稿》所列举的"主要人物"，难免会有取样上的偏离。

（7）就经济政策的路线而言，受过西洋思想影响的人物，明显地都倾向于重商重工，或甚至反对重农，这和附表2形成了明显的对比。最具争议的是自由放任与保护主义这两条路线，正反双方都有重要的支持者，在人数上大概是保护主义占上风。在辛亥革命前后，带有西欧社会主义色彩的经济思潮开始进入，这股思潮甚至到了20世纪40年代都还有显著的力量。

5 结论与余论

5.1 结论

晚清70年间的经济思潮在派别、立场、路线上都相当纷杂，很难用文字作简要的掌握。通过表格的简化与对比，从附录第3、4两节以及附表1至附表4的分析，所得到的综合印象是：

---

① 综观附表2人物的经济论述，以传统中国"策论"的论说方式居多，而不是用专业性的逻辑来推论。附表3、附表4中唯一使用过西洋经济分析法的只有朱执信一人，他曾用费雪方程式来说明货币价值与货币数量之间的关系，也用过"一篮子商品"的概念来说明如何编制综合物价指数。这些都是当时经济学教科书上的基本内容。晚清谈经济问题的人，似乎很少接触经济学的基本教科书，大都是眼观时事再加上锐利的笔锋。

（1）在太平天国之前，西洋经济思想对中国的经济思潮几乎没有影响力，但当时国人已略知西洋事务，所以有改革派与保守派之间的相争。

（2）从曾国藩以下至戊戌变法之间，西洋的工商业概念已明显影响知识界与决策者，他们开始"办洋务"，同时也和"封建顽固派"较劲。西洋经济的思想面在这个时期还没进入，也谈不上影响力。

（3）光绪有变法之心，许多改革人物就积极引介西洋制度，其中最重要的是立宪的概念。西洋经济思想的不同派别与思潮，是在这股潮流下跟着进来的，通过原著的翻译或"取其精华"介绍进中国。和前两个阶段相比，最重要的改变是在光绪后期，经济政策上几乎全是重工商论的声音。

（4）但也必须认知另一项隐藏的事实：保守、重农的传统思潮一直存在着。表面上他们没有护卫、宣传他们的经济信念，但这股力量应是不可忽视的。

（5）就实质影响力而言，西洋经济学说在晚清的70年间虽然被引进知识界，但看不到有哪一种思想被具体地实现过。孙中山所引介的西洋经济观点，在附表4的各种学说中应该是最被政策化的，但民生主义中最基本的平均地权与节制私人资本，在20世纪50年代之前都没能做到。在清末民初很有影响力的康有为、梁启超，他们的经济思想也未能具体地政策化，更不要说实施了。所以西洋经济思想对晚清经济的影响只限于思想面，未能进入政策面。

5.2 余论

"西洋经济学说与中国经济问题"是一项值得探究的大主题，本文旨在厘清最起始的一点：晚清经济思潮有哪些不同的类型；西洋经济学说在当时的角色与影响。这个大领域内有许多相关联的题材，必须再深入分别探讨才能把事情弄清楚，以下列举几个方向。

（1）附表2、附表4列举了5种经济政策的路线（主义），可以做的是把每种"主义"都单独做几篇研究，看看在这些名词（例如重商主义）之下，晚清人士对哪些现象说了哪些事情。他们对重商主义的概念，因为时空条件的不同，必然和西欧式的重商主义有明显差异。经济思想史学界对这一点尚无清楚的研究，对其他几种经济主义的中国观点也还不够理解。

（2）中国对西洋的经济思想是通过哪些方式吸收的？产生过哪些理解与扭曲？或只是"各取所需"地套用？可以做的方向是：第一，研究西方经济学如何通过翻译与介绍，从哪些国家（西欧、日本、美国）怎样传入中国。第二，又是如何进入教育机构的？20世纪80年代下半期，已有几本专著在研究英、法、日、意、美诸国经济学的教育史，Trescott（2002）对中国的例子已有相当深入的探讨。

（3）在中西经济思潮交流的过程中，发生过哪些迎纳与拒斥的现象？附表1到附表4都隐含着这个问题。有激进的倡说者，也必然有顽强的保守主义者，这是"文化守成论"的现象吗？或是"保守主义"在晚清经济面的发作？

（4）从学说引入的层面来看，目前所做的也不够，我们对《原富》和《资本论》如何在中国传播所知较多，对亨利·乔治的说法也较熟悉。但是西洋经济思想家这么多，为什么一般知识界所听过的总是那几个人？难道没有其他有趣的著作译介过？

（5）晚清到现在一百多年间，西洋经济思想对中国的经济政策真的没有具体影响过吗？例如亨利·乔治对中国土地政策有过哪些影响？凯恩斯经济学说与中国总体经济政策之间的关联性如何？

　　总之，这是一个广阔的未耕地，荒芜太久了，经济史和思想史学界应该可以再耕耘出更丰硕的成果。

参考书目

手代木有儿. 严复の英国留学: その轨迹と西洋认识. 中国——
  社会と文化, 1994, 9: 170-186.

牛仰山, 孙鸿霓. 严复研究资料. 福州: 海峡文艺出版社, 1990.

王中江. 严复. 台北: 东大图书公司, 1997.

王方中. 中国近代经济史稿: 1840—1927. 北京: 北京出版社,
  1982.

王栻. 严复传. 上海: 上海人民出版社, 1975.

王栻. 严复集 (五册). 北京: 中华书局, 1986.

王栻, 王佐良. 论严复与严译名著. 北京: 商务印书馆, 1982.

史全生. 论严复的经济思想. 南京大学学报, 1978, 3: 60-70.

皮后锋. 《原富》的翻译与传播: 兼与赖建诚教授商榷. 汉学研
  究, 2000, 18 (1): 309-330.

艾约瑟. 富国养民策 (1892—1896). 万国公报 (43—88 册) //
  李天纲编. 万国公报文选. 北京: 生活·读书·新知三联书
  店, 1998: 535-546.

李泽厚. 论严复. 历史研究, 1977 (2) //中国近代思想史论. 台
  北: 谷风出版社, 1986: 290-333.

汪荣祖. 严复的翻译. 中国文化, 1994, 9: 117–123.

周振甫. 严复思想述评. 台北: 中华书局, 1936 (1987 年重印)

周宪文, 张汉裕译. 国富论 (上下册). 台北: 台湾银行经济研究室, 1964.

林其泉. 简议严复对《原富》的翻译. 中国社会经济史研究, 1993, 4: 88–92.

林保淳. 严复: 中国近代思想启蒙者. 台北: 幼狮书局, 1988.

林载爵. 严复对自由的理解. 历史学报. 台中: 东海大学, 1983, 5: 85–159.

侯厚吉, 吴其敬. 严复的经济思想. 中国近代经济思想史稿 (第二册). 哈尔滨: 黑龙江人民出版社, 1983: 506–569.

侯家驹. 中国经济思想史. 台北: 中央文物供应社, 1982.

俞政. 论严复的经济自由主义. 苏州大学学报, 1994 (3). 另刊于: 1993 年严复国际学术研讨会论文集. 福州: 海峡文艺出版社, 1995: 384–397.

俞政. 析严译《原富》按语中的国富策. 苏州大学学报, 1995 (3).

俞政. 严译《原富》的社会反应//1997 年严复与中国近代化研讨会论文, 福州, 1997.

胡寄窗. 中国经济思想史 (三册). 上海: 上海人民出版社, 1962, 1963, 1981.

胡寄窗. 严复的经济思想. 中国近代经济思想史大纲. 北京: 中国社会科学出版社, 1982: 212–235.

张守军. 严复的经济思想. 财经问题研究, 1999, 10: 71–75.

张志建. 严复思想研究. 桂林: 广西师范大学出版社, 1989.

张志建. 严复学术思想研究. 北京: 商务印书馆, 1995.

张灏, 等. 晚清思想. 台北: 时报出版公司, 1980.

曹旭华. 严复的富国论与亚当·斯密的《国富论》. 经济问题探索, 1986 (7).

梁启超. 绍介新著：原富. 新民丛报, 1902, 1：113–115.

郭大力, 王亚南. 国富论. 上海：中华书局 (上下册), 1931.

郭大力, 王亚南. 国民财富的性质和原因的研究 (1972—1974 修订). 北京：商务印书馆 (上下册).

郭正昭. 严复. 台北：商务印书馆, 1978.

郭湛波. 严复. 近代中国思想史. 香港：龙门书店, 1973：9–61.

陈文亮. 严复经济思想探索. 理论学习月刊, 1994 (3–4).

森时彦. 梁启超的经济思想. 梁启超·明治日本·西方. 北京：社会科学文献出版社, 2001：218–243.

森时彦. 梁启超の经济思想 (日文版) //狭间直树编. 梁启超：西洋近代思想と明治日本. 东京：みすず书房, 1999：229–254.

舒扬. 严复人口思想评述. 福建论坛, 1982 (6).

黄克武. 自由的所以然：严复对约翰弥尔自由思想的认识与批判. 台北：允晨, 1998.

黄克武. 严复研究的新趋向：记近年来三次有关严复的研讨会. 近代中国史研究通讯, 1998a, 25：1–19.

叶世昌. 从《原富》按语看严复的经济思想. 经济研究, 1980 (7).

赵冈, 陈钟毅. 中国农业经济史. 台北：幼狮书局, 1989.

赵靖, 易梦虹. 中国近代经济思想史 (下册). 北京：中华书局, 1980：344–357.

赵靖, 易梦虹. 中国近代经济思想资料选辑 (三册). 北京：中华书局, 1982.

赵树贵, 曾丽雅. 陈炽集. 北京：中华书局, 1997.

赵丰田. 晚清五十年经济思想史（影印）. 台北：华世出版社，1939.

刘重焘. 严复翻译《原富》之经过. 华东师范大学报，1985，60：94-96.（页97附严复译英文底本书影与严复注手迹）

刘富本. 严复的富强思想. 台北：文景出版社，1977.

欧阳哲生. 严复评传. 南昌：百花州文艺，1994.

赖建诚. 亚当·斯密与严复：《国富论》与中国. 汉学研究，1989，7（2）：303-340.

罗耀九. 严复的经济思想评述. 中国经济问题，1978（2）.

严中平. 中国近代经济史统计资料选辑. 北京：科学出版社，1955.

严复. 原富. 人人文库（三册）. 台北：商务印书馆，1977：特506-508.

严扬. 新发现的严复增删《原富》未完稿. 中国文化，1997（15-16）：359-364.

Alexandrin, Glen (1977): Reception of Adam Smith's *The Wealth of Nations* in early Russia, *Social Science Forum*, 1 (1): 1-13.

Bairoch, Paul (1993): *Economics and World History: Myths and Paradoxes*, University of Chicago Press.

Bergère, M -C. (1984): On the historical origins of Chinese underdevelopment, *Theory and Society*, 13: 327-337.

Blaug, Mark (1997): *Economic Theory in Retrospect*, Cambridge University Press, 5th edition.

Braudel, F. (1982): *Civilization and Capitalism: 15th -18th Century*, volume II: *The Wheel of Commerce*, New York:

Harper & Row Publishers.

Clough, Shepard and Richard Rapp (1975): *European Economic History*, New York: McGraw-Hill, 3rd edition.

Diatkine, Daniel (1993): A French reading of *The Wealth of Nations* in 1790, in Mizuta and Sugiyama eds. *Adam Smith: International Perspectives*, London: Macmillan, pp. 213 - 223.

Eichengreen, Barry (1992): *Golden Fetters: The Gold Standard and the Great Depression, 1919–1939*, New York: Oxford University Press.

Ekelund, Robert and Robert Hébert (1997): *A History of Economic Theory and Method*, New York: McGraw-Hill.

Elvin, M. (1984): Why China failed to create an endogenous industrial capitalism: a critique of Max Weber's explanation, *Theory and Society*, 13: 379–391.

Feuerwerker, A. (1980): Economic trends in the late Ch'ing empire, 1870–1911, in: Fairbank, J. and K. Liu (1980): *The Cambridge History of China*, vol. 11, *Late Ch'ing, 1800–1911*, Part 2, Cambridge University Press, pp. 1–69.

Feuerwerker, A. (1984): The state and the economy in late imperial China, *Theory and Society*, 13: 297–326.

Gide, Charles and Charles Rist (1944): *Histoire des doctrines économiques*, Paris: Sirey.

Hollander, Samuel (1973): *The Economics of Adam Smith*, University of Toronto Press.

Hollander, Samuel (1987): *Classical Economics*, Oxford: Basil Blackwell.

Hou, C. (1965): *Foreign Investment and Economic Development in China: 1840–1937*, Harvard University Press.

Hsu, Immanuel (1983) : *The Rise of Modern China*, Oxford University Press, 3rd edition.

Irwin, Douglas (1996) : *Against the Tide: An Intellectual History of Free Trade*, Princeton University Press.

Lai, C. (1989): Adam Smith and Yen Fu: Western economics in Chinese perspective, *Journal of European Economic History*, 18 (2): 371–381.

Lai, C. (1996): Translations of *The Wealth of Nations*, *Journal of European Economic History*, 25 (2): 467–500.

Lai, C. (1996a): Receptions of *The Wealth of Nations*, *The European Legacy*, 1 (7): 2069–2083.

Lai, C. (2000)ed.: *Adam Smith Across Nations: Translations and Receptions of* The Wealth of Nations, Oxford: Oxford University Press.

Lai, C. and J. Gau (2002): Proposing gold–exchange standards for China (draft) .

List, Friedrich (1841) : *The National System of Political Economy*, translated by Sampson Lloyd (1916) , London: Longmans, Green & Co. Chapter 31: The system of values of exchange (falsely termed by the school, the 'industrial' system) —Adam Smith, pp. 277–281.

Palyi, Milchior (1928): The introduction of Adam Smith on the Continent, in J.M. Clark *et al.* Eds.: *Adam Smith, 1776–1926*, University of Chicago Press, pp. 190 –233 (New York: Augustus Kelley 1966 reprint) .

Ross, Ian (1995): *The Life of Adam Smith*, Oxford: Clarendon Press.

Schonhardt-Bailey, Cheryl (1997) ed.: *The Rise of Free Trade*, London: Routledge. Vol. 1 *Protectionism and Its Critics*, 1815–1837; vol. 2 *Assault on the Corn Laws*, 1838–1846; vol. 3 *Free Trade and Its Critics*, 1847–1906; vol. 4 *Free Trade Reappraised: the New Second Literature*. Reviewed by Kevin O' Rouke in *European Journal of Political Economy*, 2000, 16: 829–842.

Schumpeter, Joseph (1954): *History of Economic Analysis*, New York: Oxford University Press.

Schwartz, Benjamin (1964): *In Search of Wealth and Power: Yen Fu and the West*, Harvard University Press.

Smith, Adam (1776): *An Inquiry into the Nature and Causes of the Wealth of Nations*, Oxford University Press. The Glasgow editions of the Works and Correspondence of Adam Smith, edited by Campbell and Skinner, 1976.

Trescott, P. (2002): *Ching–Chi–Hsueh: the Introduction of Western Economic Ideas into China, 1840–1959* (draft) .

Wang, Y.C. (1966): *Chinese Intellectuals and the West, 1872–1949*, University of North Carolina Press.

Wood, J.C. (1994) ed.: *Adam Smith: Critical Assessments*, London: Routledge, 4 volumes.

Zhu, Shaowen (1993): Adam Smith in China, in Mizuta and Sugiyama eds. *Adam Smith: International Perspectives*, London: Macmillan, pp. 279–291.

图书在版编目（CIP）数据

亚当·斯密与严复：《国富论》与中国/赖建诚著.—杭州：浙江大学出版社，2009.1
ISBN 978-7-308-06549-8

Ⅰ.亚… Ⅱ.赖… Ⅲ.古典资产阶级政治经济学—研究
Ⅳ.F091.33

中国版本图书馆 CIP 数据核字（2009）第 011278 号

亚当·斯密与严复：《国富论》与中国
赖建诚　著

责任编辑　王志毅
文字编辑　张　黎
装帧设计　高海云
出版发行　浙江大学出版社
　　　　　（杭州天目山路 148 号　邮政编码 310028）
　　　　　（E-mail：zupress@mail.hz.zj.cn）
　　　　　（网址：http：//www.zjupress.com）
排　　版　北京中天华唯文化发展有限公司
印　　刷　北京中科印刷有限公司
开　　本　635mm×965mm　1/16
印　　张　11.25
字　　数　119 千字
版 印 次　2009 年 2 月第 1 版　2009 年 2 月第 1 次印刷
书　　号　ISBN 978-7-308-06549-8
定　　价　25.00 元